# CABALLERO NOBLE DESBARATADO

# Purdue Studies in Romance Literatures

volume 51

# CABALLERO NOBLE DESBARATADO

## Autobiografía e invención

## en el siglo XVI

José Luis Gastañaga Ponce de León

Purdue University Press
West Lafayette, Indiana

∞ The paper used in this book meets the minimum requirements of American National Standard for Information Sciences—Permanence of Paper for Printed Library Materials, ANSI Z39.48-1992.

Printed in the United States of America
Design by Anita Noble

**Library of Congress Cataloging-in-Publication Data**

Gastañaga Ponce de León, José Luis, 1967–
Caballero noble desbaratado : autobiografía e invención en el siglo XVI / by José Luis Gastañaga Ponce de León.
p. cm. — (Purdue studies in Romance literatures ; v. 51)
Includes bibliographical references and index.
ISBN 978-1-55753-602-0
1. Spanish prose literature—Classical period, 1500–1700—History and criticism. 2. Autobiographical fiction, Spanish—History and criticism. 3. Autobiography—Authorship. 4. Enríquez de Guzmán, Alonso, 1499–1547—Criticism and interpretation. I. Title.
PQ6136.G37 2011
863'.08209—dc22

2010052013

*En el siglo XVI todo libro corría el riesgo*
*de convertirse en miscelánea.*

Bataillon

# Índice

## Agradecimientos

Hace mucho tiempo en la Pontificia Universidad Católica del Perú, Enrique Carrión Ordóñez me recomendó leer el *Libro de la vida y costumbres* de Alonso Enríquez de Guzmán. Le debo también buenos consejos, momentos de humor y algunas de las mejores clases de literatura que haya tenido nunca. Al empezar esta breve sección de agradecimientos, quiero recordar al maestro y al amigo.

Este libro fue en una versión primitiva mi tesis de doctorado. Quiero agradecer a Ronald E. Surtz por su acertada dirección al igual que a mis profesores y compañeros en la Universidad de Princeton por su apoyo. Lo mismo a todas las personas que en la Universidad de Villanova me han brindado su ayuda y consejos. A las bibliotecas de Firestone (Princeton, NJ), Biblioteca Nacional de España, y Biblioteca Nacional de Nápoles y Falvey (Villanova, PA) quiero ofrecer mi más sincero agradecimiento.

Con los editores de PSRL y sus anónimos lectores que han cooperado conmigo para mejorar este libro tengo una deuda impagable.

Quiero dedicar este libro a mi familia por su apoyo constante, incondicional.

## Lista de abreviaturas de las ediciones utilizadas

Cito con frecuencia de varias obras de los autores estudiados. Esta lista contiene las ediciones que he manejado.

**Enríquez de Guzmán, *Libro***
Enríquez de Guzmán, Alonso. *Libro de la vida y costumbres de don Alonso Enríquez de Guzmán.* Ed. Hayward Keniston. BAE 126. Madrid: Atlas, 1960.

**Galán, *Cautiverio y trabajos*** [T]
Galán, Diego. *Cautiverio y trabajos de Diego Galán.* Ed. Matías Barchino. Cuenca: Ediciones de la Universidad de Castilla–La Mancha, 2001. [Sobre la base de un manuscrito conservado en la Biblioteca Pública de Toledo, por lo que se le llama también Manuscrito T. A menos que indique lo contrario es a esta versión a la que refieren las citas que utilizo].

**Galán, *Relación del cautiverio y libertad*** [E]
Galán, Diego. *Relación del cautiverio y libertad de Diego Galán, natural de la villa de Consuegra y vecino de la ciudad de Toledo.* Ed. Miguel Ángel de Bunes y Matías Barchino. Toledo: Diputación Provincial de Toledo, 2001. [Sobre la base de un manuscrito conservado en la biblioteca de El Escorial, por lo que se le llama también Manuscrito E].

**García de Paredes, *Suma***
García de Paredes, Diego. *Breve suma y hechos de la vida de Diego García de Paredes: La cual él mismo escribió y la dejó firmada de su nombre como al fin de ella aparece.* En *Crónicas del Gran Capitán.* Ed. Antonio Rodríguez Villa. NBAE 10. Madrid: Bailly-Baillière, 1908. 255–59.

**Guevara, *Epístolas familiares***
Guevara, Antonio de. *Libro primero de las Epístolas familiares.* Ed. y prólogo de José María de Cossío. 2 vols. Madrid: Aldus, 1950–52.

**López de Córdoba, *Memorias***

López de Córdoba, Leonor. *Memorias*. Pp. 16–25. En "Las memorias de doña Leonor López de Córdoba." Ed. y estudio de Reinaldo Ayerbe-Chaux. *Journal of Hispanic Philology* 2 (1977): 11–33.

**Mexía, *Silva***

Mexía, Pedro. *Silva de varia lección*. Ed. Antonio Castro. 2 vols. Madrid: Cátedra, 1989.

**Torres Naharro, *Obras completas***

Torres Naharro, Bartolomé de. *Obras completas*. Ed. Miguel Ángel Pérez Priego. Biblioteca Castro. Madrid: Turner, 1994.

# Introducción

El siglo XVI era un tiempo de indeterminación genérica en el desarrollo de la narración autorreferencial a la que después de las *Confesiones* de Rousseau llamamos *autobiografía*. Es exactamente este período el que me propongo estudiar. El uso de la palabra *autobiografía,* entonces, resulta problemático cuando refiere a obras compuestas en este siglo, pero la utilizaré con frecuencia, aunque solo sea por comodidad. Una perspectiva historicista podría llevarme a elegir igualmente el término *vida* o *vita*; pero hay que recordar que en esa época *vida* se refiere tanto a biografía como a lo que hoy llamamos autobiografía. Con todo, lo que pretendo hacer es discutir en cada caso que estudiaré cuál sea la etiqueta más conveniente. Después de todo, no pretendo imponer una concepción actual de la autobiografía a textos escritos hace siglos; lo que quiero es reconstruir contextos de producción y recepción y, en función de ellos, proponer la clasificación o descripción que favorezca la mejor comprensión de cada texto estudiado.

Tomo a don Alonso Enríquez de Guzmán como una figura central en mi estudio porque en él se conjugan las tendencias que aprecio en algunos antecedentes. Cuando considero todos los casos estudiados, puedo formular una tesis de trabajo en los siguientes términos. Toda narración de una trayectoria vital se apoya en modelos concretos, ficticios o no, que el auditorio potencial de esas narraciones había consagrado por distintos motivos. Veamos ahora quién es Enríquez de Guzmán.

El soldado aventurero español Alonso Enríquez de Guzmán vivió durante la primera mitad del siglo XVI.[1] Sabemos que es natural de Sevilla, pero sus fechas de nacimiento y muerte son un enigma. Nació entre 1499 y 1501 y desapareció en Alemania sin dejar rastro hacia 1547. Como se ve en sus apellidos, era de ascendencia noble; sin embargo, pertenecía a una rama empobrecida de la familia. Sabemos que estuvo en Sicilia, Nápoles, Alemania, Flandes, las Islas Baleares, el Caribe, México y el Perú. De él nos ha quedado, además de unos versos, un curioso *Libro de la vida y costumbres de Alonso Enríquez de Guzmán, caballero noble desbaratado.*

En 1518 o 1519 sale de su hogar en Sevilla con destino a Barcelona, donde se encontraba el rey. Luego de un intento fallido de unirse a la corte, se enlistó en 1519 como soldado en la expedición de los Gelves a las órdenes de Hugo de Moncada. En 1520, gracias al duque de Alba, consiguió "un asiento de contino en la Casa Real y la promesa del hábito de la Orden de Santiago." En 1521 peleó en la batalla de Valenciennes contra Francisco I al lado de Carlos V, pero una riña le hizo perder el favor conquistado a raíz de lo cual en 1522 quedó vacante su puesto en la corte y se revocó la promesa del hábito. En 1523 sirvió al rey en Palma de Mallorca e Ibiza. En 1524 regresó a Sevilla y a raíz de otra riña sufrió encierro en las Atarazanas. No por mucho tiempo, porque este mismo año pasó por Valladolid, donde unos informes favorables de su actuación en Ibiza le permitieron ser nombrado gentilhombre de la Casa Real. Empezó así su vida de cortesano. Una de sus tareas más importantes fue llevar a Portugal la noticia de la captura de Francisco I en 1525. Finalmente en 1528 consiguió el ansiado hábito de la Orden de Santiago, que más tarde le abriría muchas puertas a su paso por el Nuevo Mundo. Entre 1529 y 1534 protagonizó tantas riñas en Madrid y Sevilla que su situación se hizo prácticamente insostenible. Enfrentado a enemigos más poderosos que él, no encontró otro camino que alejarse; a lo que se vio forzado porque uno de sus rivales de más poder, el conde Hernando de Andrada, asistente de Sevilla, lo desterró de esta ciudad.

En estas difíciles circunstancias don Alonso tuvo que escoger entre dos posibilidades: la primera era ir a Nápoles, donde Pedro de Toledo, a quien conocía, era virrey, y donde ciertamente se necesitaba a hombres con su experiencia. La segunda, pasar a América, por la que finalmente se inclinó. En 1534 coincidieron en Sevilla una serie de episodios que cambiarían radicalmente el curso de la vida de don Alonso. Ese año desembarcó en esa ciudad Hernando Pizarro (1502–78), trayendo noticias del Perú y de suficientes riquezas para despertar el espíritu de aventura en más de uno. De otro lado, en abril de 1534 se publicó anónima la *Conquista del Perú*, una relación que Raúl Porras Barrenechea ha atribuido a Cristóbal de Mena (85), y poco después, en junio del mismo año, una rectificación titulada *Verdadera relación de la conquista del Perú*, de Francisco de Xerez, secretario de Francisco Pizarro.

A pesar de la prohibición del Emperador de pasar a Indias —prohibición que se hizo siguiendo el consejo del asistente de Sevilla—, Enríquez de Guzmán burló a los oficiales de la Casa de Contratación. Espada en mano, y junto a su hermano, redujo al maestre de la nave y logró embarcarse. Esto ocurrió el 30 de septiembre de 1534; el nombre del buque era *Santa María la Bella*. La flota llegó a Puerto Rico el 5 de noviembre del mismo año. Cuando se presentó ante la Audiencia de Santo Domingo, se le hizo capitán de una expedición que iba a Santa Marta. Un enviado del rey, sin embargo, llegó antes de que se hiciera efectivo cualquier nombramiento con la noticia de que el capitán general sería otra persona. Con las manos vacías, decidió continuar con su proyecto de llegar al Perú.

En agosto de 1535 entró a Lima y fue recibido con honores de virrey, obispo o gobernador. Francisco Pizarro (¿1471?–1541) le dio 2.000 castellanos, y Diego de Almagro desde el Cusco lo invitó a tomar parte en la conquista de Chile. A su llegada al Cusco, Hernando Pizarro lo nombró segundo en el mando para hacer frente al cerco con el que Manco Inca apretó la ciudad desde abril de 1536. Había reunido ya 15.000 castellanos y pensaba abandonar la ciudad, nos dice, mientras otros combatían. Escribió a Almagro, que estaba en Chile, para ofrecer su ayuda contra los Pizarro. En 1537 Almagro regresó de una expedición infructuosa con intenciones de retener la capital imperial de los Incas para sí. Apenas llegar colmó a don Alonso de honores y dinero; pero Enríquez de Guzmán había reñido con Hernando Pizarro y eso necesariamente le iba a traer problemas.

La paz que siguió al levantamiento del cerco duró muy poco. Las negociaciones sobre la posesión del Cusco se hacían tensas, el enfrentamiento era inminente y don Alonso se vio forzado a tomar partido. En los relatos sobre estos enfrentamientos, Enríquez de Guzmán aparece siempre entre los hombres de Almagro; fue depositario de su testamento, representó a su hijo en España y narró su muerte trágica en prosa y verso repetidas veces.

Durante la batalla de las Salinas (abril de 1538) don Alonso se quedó en el Cusco (para unos al mando de la ciudad; para otros porque quería huir con la retaguardia). Vencidos los almagristas, los soldados de Hernando Pizarro, que los consideraban rebeldes, lo tomaron prisionero. Para James Lockhart (56) nuestro autor vivió las guerras civiles como una rivalidad entre dos camarillas de cortesanos que se disputaban el favor real; no obstante, en ese momento el rey estaba convencido de la influencia perturbadora de don Alonso durante esas guerras. Por cédula del 23 de abril de 1538, el rey ordenó a Pizarro que prendiese a don Alonso y lo embarcase de vuelta a España, pero este no regresó a la Península hasta 1539 y no fue apresado sino en junio de 1540. Su defensa funcionó y fue absuelto por el Consejo de Indias, aunque tuvo que esperar casi cinco años para oír una sentencia favorable y definitiva. De inmediato logró vengarse de Hernando Pizarro, aherrojándolo en el castillo de la Mota, en Medina del Campo (Valladolid), donde pasó 21 años.

Su satisfacción fue tal que no dejó de transcribir en su *Libro* el dictamen por el cual Hernando Pizarro fue declarado culpable y condenado a prisión. Y hay más, para empezar a conocer la inclinación de nuestro autor por la literatura que veremos más adelante es importante señalar que debió haber sido por esta época que preparó su *Nueva obra y breve en prosa y en metro sobre la muerte del ilustre señor el adelantado don Diego de Almagro*, cuyo manuscrito se encuentra en el Archivo de Indias en Sevilla.

Cumplido el largo episodio de su batalla legal contra Hernando Pizarro, lo encontramos más tarde, hacia 1545, en la corte al lado del príncipe, el futuro Felipe II, cuya amistad ha sabido ganarse. El libro de memorias se prolonga dos años más, es decir, hasta 1547. Después de este año no se tiene ninguna noticia de don Alonso, ni se sabe dónde murió o fue enterrado. La última noticia suya de que disponemos se conoce gracias a una carta fechada en Augusta (Alemania) ese año. Por ella sabemos que intercambia cartas de desafío con Perico de Santervás, hombre de placer de Felipe II.

Don Alonso coincide con Pedro Cieza de León y Gonzalo Fernández de Oviedo en la narración de los importantes hechos de los que fue testigo y protagonista. Fue amigo, corresponsal y "primo," según él mismo dice, de Pedro Mexía, y también tenía amistad con fray Antonio de Guevara, quien lo describe en una de sus *Epístolas familiares* (1: 10) como hombre de pequeña estatura física y ánimo exaltado. Vivió episodios fundamentales de la primera década de la conquista española del Perú y conoció de cerca a Almagro y a los Pizarro. Tuvo trato personal con Carlos V, Francisco de los Cobos, Felipe II y Hernán Cortés. Según Lockhart (55) fue el único español que entre 1532 y 1560 escribió un libro de memorias o diario.

Como las relaciones autobiográficas de soldados aventureros de los siglos XVI y XVII, la de don Alonso no conoció la imprenta hasta el siglo XIX. En la segunda mitad de ese siglo fue publicada dos veces. Primero en 1862 en una versión parcial y libremente traducida al inglés por Clements Markham; después, en 1866 en la Colección de Documentos Inéditos para la Historia de España. La edición crítica del libro la hizo Hayward Keniston para la Biblioteca de Autores Españoles (1960), basándose en la *collatio* de distintos manuscritos y copias de ellos. El manuscrito más completo, texto base de la edición de Keniston, es el de la Biblioteca Nacional de Nápoles.

La historia de los manuscritos es como sigue: en un pasaje de su obra, escrito en 1543, don Alonso declara haber preparado cuatro copias de su manuscrito para las siguientes personas: el príncipe Felipe (futuro Felipe II), la duquesa de Alba, el conde de Salinas, y García de Toledo (hijo del virrey de Nápoles Pedro de Toledo). A lo largo de su libro don Alonso nos hace saber que sigue engordando estas copias con cartas y otros papeles que solicita sean añadidos al conjunto. Dos son los manuscritos contemporáneos de don Alonso que han sobrevivido, uno en España y otro en Italia. El manuscrito español estuvo por mucho tiempo depositado en los archivos del Consejo de Indias, donde debió dejarlo Francisco de los Cobos, amigo y albacea de don Alonso y conocido secretario del emperador Carlos V. De Sevilla fue a parar a Madrid, llevado por Pascual de Gayangos. El de García de Toledo es el que se encuentra en la Biblioteca Nacional de Nápoles. Además de estos manuscritos, se encuentran copias preparadas para algunos investigadores: Gayangos, Markham, etc.

El *Libro* es un relato en primera persona en que el autor se propone contar todo lo que le acontece desde los 19 años de edad, cuando sale de su casa en Sevilla a buscar un lugar en la corte. En los preliminares del libro el autor recuerda la figura ejemplar de Julio César y anuncia a sus lectores que sacarán algún provecho de esta lectura. Casi con gravedad, don Alonso se compromete a mostrar a sus lectores, si no nobles al menos miembros de la corte, cómo debe actuar una persona de rango. Sin embargo, esto no impide a don Alonso mostrarse como el protagonista de acciones poco heroicas y retratarse en algunas ocasiones como un cobarde o un avaricioso. Al final, cuando reúne una larga serie de sentencias morales que dirige al príncipe Felipe, parece cumplir con lo que ha ofrecido, pero el espíritu de estas sentencias morales está lejos de animar sus acciones. Además, sabemos que en estas sentencias morales don Alonso no hace más que transcribir otras de Antonio de Guevara. Su originalidad, manifiesta en pocos casos, la exhibe en las variaciones que introduce en las sentencias guevarianas. Estas modificaciones por lo general están motivadas por su circunstancia personal. El cortesano, ávido de entretener, se pone la máscara del moralista. Por la misma razón —esto es, su voluntad de entretener— su relato tiene el desenfado y la crudeza que más tarde caracterizarán a la prosa picaresca.

Don Alonso narra hechos históricos comprobables. Su paso errático por la corte, sus desventuras como soldado en Europa y su episodio americano como conquistador se pueden verificar. Aunque a veces exagera su protagonismo, es innegable que fue testigo de hechos importantes. Sin embargo, al escribir es muy consciente de la frontera que existe entre los ámbitos privado ("mi vida") y público ("la corónica"), y no quiere introducir en la narración de su vida nada que corresponda a la historia con mayúscula. Narra, pues, su vida como otros antes que él pero con una diferencia: su autorretrato resulta jocoso la mayor parte del tiempo y él mismo es objeto de burla. Sus contemporáneos no lo tomaron en serio: Carlos V le negó por mucho tiempo el hábito de Santiago y un lugar en la corte; un noble lo llama "ese perdido"; cuando el príncipe Felipe mostró afición por él, se hizo lo posible por alejarlos. Por momentos, don Alonso parece dar la razón a sus detractores; en otras ocasiones construye para nosotros la imagen contraria: es conciliador, hombre de confianza y buen amigo de los nobles más importantes. Hay una ambigüedad en él que es muy moderna, en tanto que no se ve interés por parte de don Alonso en presentar un retrato monolítico de su personalidad.

Sería erróneo sumar a Enríquez de Guzmán al grupo de graciosos o gente de placer de la corte de los Austrias. Mi meta es mostrar que su caso es más complejo, más interesante y más singular. Don Alonso no es un gracioso o bufón de corte; sus intenciones, aunque no logradas del todo, son distintas. ¿Podría un bufón haberse convertido en caballero del hábito de Santiago? El autor nos ofrece una lectura provechosa y, sin embargo, no duda en retratarse a sí mismo como un personaje apicarado. En esta aparente inconsistencia está creo yo el meollo de la cuestión y mi propósito en este estudio es demostrar que no hay tal inconsistencia.

La incompatibilidad entre el propósito manifiesto de escribir un libro edificante y el retrato poco favorable que hace de sí mismo el autor se resuelve si trabajamos con la hipótesis general de un don Alonso que escribe para acumular anécdotas divertidas y novedosas que sabe serán leídas en la corte. La hipótesis que aquí defiendo no es aventurada si leemos este libro sobre el fondo de la literatura más exitosa de la época: las misceláneas y, por lo general junto a ella, la literatura epistolar. El libro de don Alonso ciertamente no es una miscelánea pero, como veremos más adelante, se alimenta de los rasgos más característicos de ésta, a saber: variedad de temas, narraciones de hechos asombrosos y uso de cuentos tradicionales; así como el recurso constante a la transcripción de cartas.

Tres razones hacen del *Libro de la vida y costumbres* de don Alonso un documento singular. La primera de ellas es que permaneció inédito hasta el siglo XIX, en parte a raíz de la decisión de don Alonso de que su libro no se conociera fuera del círculo pequeño de sus amistades hasta después de su muerte. Debemos precisar algo. Don Alonso se refiere en varias ocasiones a la difusión o lectura póstuma de su *Libro*. Esto no debe hacernos pensar en un carácter secreto del mismo. El autor mandó hacer copias para personajes influyentes en quienes confiaba y de quienes esperaba mucho, como el príncipe Felipe. También facilitó la lectura del manuscrito a un hombre de letras, como veremos en el último capítulo, en busca de un comentario al mismo tiempo elogioso y autorizado. Cuando nos habla de una lectura póstuma, debemos entender una circulación del manuscrito o de varios de ellos más allá del círculo de sus amistades. Esto último tendría el propósito de hacer públicas las malas acciones de sus rivales, como Hernando de Andrada o Hernando Pizarro, como declara abiertamente don Alonso en un pasaje (181b–182a). Ésta, creo, sería la forma escogida de circulación ya que la imprenta ni se menciona ni le resultaría atractiva dada su condición de noble.[2]

Este postergar la divulgación del texto, naturalmente, otorga a su escrito un carácter marginal: no establece contacto alguno con sus contemporáneos, fuera del estrecho círculo cortesano donde probablemente fue leído con fines de entretenimiento y curiosidad. Segunda razón: como no se había previsto una edición, el autor se siente libre para alargar su obra con los añadidos que hace a lo largo de varios años. Tercera razón: al ser un libro que se va haciendo por constantes añadidos es natural que nos recuerde a un diario y no a una autobiografía. Esta voluntad manifiesta de querer contar todo lo que sucede y el propósito de no desmayar en el intento distingue justamente al diario de la autobiografía. Esta es siempre selectiva; es decir, presenta los contenidos suministrados por la memoria de acuerdo con un propósito.[3] Al proceder de esta manera, lo usual es que unos episodios sean dejados de lado, otros cambiados y alguno inventado. Como toda autobiografía, nuestro texto es selectivo; como los diarios, pretende recogerlo todo. El *Libro* tiene esta naturaleza ambigua.

Después de enumerar estas tres razones, podemos plantearnos esta pregunta: llamar al *Libro* autobiografía, ¿no supone reducir nuestra noción de texto autobiográfico a una definición etimológica? Ciertamente nuestro autor narra la historia de su vida. No obstante, no aparece una finalidad que dé sentido a la narración, que es lo propio de las autobiografías, pues la anunciada en los preliminares no se cumple. Lo que le interesa más a don Alonso es mostrar hechos curiosos y divertidos, cosa que hace en la mayor parte del libro, y cuando deja de hacerlo es por lo general para ocuparse de algún problema o riña. Su relato no tiene por finalidad práctica construir un retrato de su persona para la posteridad sino para el presente y para un auditorio concreto: los nobles y la corte.

* * *

Ahora que conocemos mejor a la persona y al libro, revisemos con mas detalle el argumento general de este estudio. Como ya he dicho, mi intención es probar que a falta de un género constituido, don Alonso y otros como él escribieron la historia de sus vidas sobre el modelo de los libros más leídos y celebrados de su tiempo. Los modelos sobre los cuales don Alonso escribió son muy característicos del primer Siglo de Oro español: la literatura epistolar y las misceláneas, y de manera concreta la *Propalladia* (1517) de Bartolomé de Torres Naharro (¿1485?–¿1540?), que se presentaba como un libro compuesto de textos de distinto tipo. Su autor favorito —al menos de quien más ideas toma— era Antonio de Guevara (1480–1545), a quien además considera un modelo de vida, en tanto que escritor que buscaba cimentar su posición en la corte con el éxito obtenido con sus libros. Pedro Mexía (1496–1552) es otro autor, más cercano a él como veremos, de quien podía aprender mucho. En las *Epístolas familiares* (1539) de Guevara y la *Silva de varia lección* (1540) de Mexía, don Alonso pudo apreciar la combinación de una diversidad de temas en un único libro y algunas prácticas retóricas. En el *Libro* encontraremos muchos de los hábitos retóricos de los prosistas de la época. ¿Cuáles son esos hábitos de escritura que encontramos en él? Voy a señalar tres: (a) la presencia de cuentos tradicionales que el autor utiliza para narrar episodios de su vida personal y, en general, narraciones breves que buscan ser entretenidas, (b) el gusto por el uso de las cartas como elemento constitutivo del discurso y, en menor medida, (c) la combinación de prosa y verso, en muchos casos brevemente y a manera de injerto (de versos en el cuerpo de la prosa).

La aventura que abre el *Libro* es un cuentecillo perfecto. En él los personajes se alternan con precisión y las circunstancias se suceden con mucha coherencia, sin que podamos pensar que algo falte o sobre. Cosa que, por supuesto, extrañamos en otros pasajes del libro. Podemos reseñar así el argumento de este episodio inicial: el joven don Alonso ha dejado la casa paterna en busca de la corte real. En su camino se ha encontrado con el capitán Montalvo, con el que se acompaña. Este le ha sustraído una bolsa con sesenta ducados, todo el capital de nuestro personaje. Sabedor don Alonso, regresa hacia Montalvo, quien, haciendo gala de gran frialdad, le sugiere pedir mercedes al marqués de los Vélez. El marqués retiene a don Alonso inútilmente hasta que este, harto de esperar, se marcha, no sin antes recibir la caridad del antiguo paje de su padre.

En este episodio encontramos al héroe-protagonista (nuestro autor) y a su antagonista, el capitán. El último hará caer en desgracia al primero, pero solo, como comprobaremos al final, para impartirle una lección moral. Los otros dos personajes, aunque secundarios, cumplen también una función precisa: el marqués muestra con su indiferencia lo dura que es la vida para quien nada posee, y el paje, con su desprendimiento, la situación humillante que puede vivir el noble caído en desgracia. Cada personaje satisface una función distinta, nadie sobra. Ningún otro pasaje del texto de don Alonso tiene esta resolución perfecta. Aunque no he podido encontrar una evidencia, sospecho que don Alonso se ha apropiado de un cuento tradicional, algo que quizá escuchó o leyó y le causó una impresión imborrable. Con este material, recrea su propia vida; se reinventa, se podría decir. ¿Por qué toma don Alonso una historia ajena para contarla como si fuera propia? No es plagio ni contaminación; es, más bien, el producto de un esfuerzo de síntesis que le permite al autor recrear su vida entera en un solo hecho trascendental.

De todas las cartas que aparecen en el *Libro de la vida y costumbres*, la más llamativa se encuentra hacia el final del texto. Es una carta en la que el licenciado Monardes,[4] amigo personal de nuestro autor, formula un juicio luego de leer un ejemplar del *Libro* que don Alonso le ha alcanzado. El interés de esta carta, fechada en 1545, es doble. De un lado, es el único juicio contemporáneo que conocemos del libro y, de otro, es un documento que insiste en el valor que tiene escribir "de sí propio." En ella descubrimos que Monardes ha retomado la alusión a Julio César que don Alonso hizo en los preliminares, aunque esta vez la idea se desarrolla por extenso. En el preliminar "Al lector," don Alonso había anunciado su deseo de imitar a Julio César ("ymitando al Çésar Magno"). Monardes, por su parte, destaca la versatilidad del militar que es también autor de libros y, gracias a ello, gana una memoria eterna. Es seductor el motivo de la gloria mayor de la escritura, pero con ello no estamos todavía frente al contenido principal de la carta. Lo que sobresale por su valor excepcional en esta carta es el elogio específico que se hace del discurso autobiográfico. Monardes celebra que don Alonso escriba su propia vida y al hacerlo relaciona la escritura autobiográfica con la lección moral, la preceptiva horaciana de instruir y entretener y, finalmente, la consecución de la fama.

El tercer hábito de la escritura es la combinación de prosa y verso. En su *Libro* don Alonso cita poemas ajenos, incluye algunos propios y con frecuencia injerta versos, ya cultos, ya populares, en su prosa. Ese ejercicio retórico es la glosa, vigente en España, nos dice Alberto Blecua, entre los siglos XV y XVIII. Nos dice el mismo autor que se trata de un género cortesano y que tiene una relación directa con el *Cancionero general*, "mina inagotable de donaires y agudezas" (xxv). Vemos entonces que cuando don Alonso intercala poesía, hacer "trova" lo llama él, está no sólo deleitándose con sus lecturas y recuerdos literarios, está además, y sobre todo, participando de un juego cortesano en el cual el recurso al verso es un medio de lucir gracia e ingenio.

* * *

Aunque las autobiografías no se constituyeron como género hasta el siglo XVIII, muchas fueron escritas y leídas en España antes de esa fecha. Como demuestran los estudios pioneros de Alfred Morel-Fatio, Manuel Serrano y Sanz y José María de Cossío, muchos se sentaron a escribir la historia de su vida animados por los más diversos motivos. De ellos me he permitido hacer una breve selección que espero sea representativa de cómo concibieron la historia de sus vidas algunos españoles desde fines del siglo XIV hasta fines del siglo XVI. He escogido el memorial (c. 1396) de Leonor López de Córdoba; la *Breve suma de la vida y hechos* (c. 1533) de Diego García de Paredes, publicada como apéndice de las *Crónicas del Gran Capitán* (Zaragoza, 1584); y *Cautiverio y trabajos* de Diego Galán, que narra a inicios del siglo XVII un cautiverio sufrido los últimos diez años del siglo XVI. Leonor López de Córdoba escribe como noble caída en desgracia y con el propósito expreso de recuperar una posición de poder y autoridad; como ella, don Alonso Enríquez de Guzmán es un noble empobrecido que siente que le corresponde un lugar de privilegio dentro del cuerpo social. A diferencia de García de Paredes, don Alonso no es un soldado de probado valor; sin embargo, por los continuos desplazamientos, las fanfarronadas y cierto regusto en contar aventuras poco heroicas y hasta vulgares, no dejan de tener algo en común. Finalmente, Diego Galán es más un aventurero que un soldado y aunque no era noble ni buscaba un lugar en la corte, vivió una experiencia extrema cuya narración se convertirá más tarde en un proyecto de vida. De la misma manera, don Alonso concibe la idea de escribir un libro de su vida cuando se encuentra inmerso en una aventura: en medio del océano y camino a América. Más tarde, su libro se convertirá no sólo en el registro de su aventura americana sino también en la evidencia de su trato con miembros prominentes de la nobleza, el recuento de sus relaciones siempre difíciles con la justicia y, sobre todo, el resultado de su persistente voluntad de entretener.

Otros textos tanto o más celebrados que los que yo he escogido quedan fuera de esta selección. Escritores como Alonso de Contreras, Diego Duque de Estrada, Miguel de Castro o Jerónimo de Pasamonte no han sido tomados en cuenta por razones de cronología en tanto que mi estudio no cubre más allá del siglo XVI. El hecho de que hablamos de textos por lo general inéditos hace difícil precisar fechas, pero la biografía de cada autor y la fecha aproximada de redacción son criterios suficientes para nuestro propósito. Aunque alejada del siglo XVI, Leonor López de Córdoba representa un caso de gran interés por lo temprano de su memorial y por el hecho de exhibir una perspectiva de noble empobrecida, lo que la hace similar a don Alonso. Galán cierra justificadamente mi selección porque, después de todo, representa muy bien el final del siglo XVI: regresa de una aventura militar que se frustró; el joven que salió de Consuegra (Toledo) ha visto que más allá de las fronteras de su patria todo es inseguridad y peligro. La idea de pertenecer a un imperio poderoso no lo acompaña en absoluto. Durante la primera mitad del siglo XVI, al entrar en combate en Italia como mercenario, García de Paredes puede gritar "¡España, España!" de una forma que sus compañeros no entienden o consideran traición. Unas décadas más tarde, Galán siente la necesidad de volver a Castilla a buscar el amparo que no encuentra fuera de la patria chica.

Lo que intento demostrar al estudiar la selección de textos propuesta es que las narraciones en primera persona se adaptan a modelos textuales contemporáneos que se destacan por su valor ya sea como discursos legitimadores del poder o por su carácter de textos de amplia recepción que son celebrados por el público por su capacidad para educar y entretener. De lo primero es ejemplo Leonor López de Córdoba, que escribe en diálogo constante con la historiografía oficial —la crónica— que se produce de manera casi contemporánea a los hechos que ella misma narra. De lo segundo son ejemplo García de Paredes y Galán. El primero gusta de retratarse en lances de los que siempre sale victorioso para educar a su hijo con el ejemplo, y el segundo pone por escrito la aventura extraordinaria que ha vivido, y al hacerlo, sigue tanto a los historiadores para asegurar la veracidad y exactitud de lo que cuenta como a los novelistas y poetas más celebrados para dar con la retórica que pueda cautivar el interés de sus lectores potenciales.

Tradicionalmente, las vidas han sido consideradas documentos históricos. Las primeras ediciones de ellas —muchas veces las únicas— así lo confirman. Los *Comentarios del desengañado de sí mismo* de Diego Duque de Estrada fueron publicados por Gayangos en el *Memorial Histórico Español* (1860) y el *Discurso de mi vida* del capitán Alonso de Contreras fue publicado por primera vez en 1900 por Manuel Serrano y Sanz en el *Boletín de la Real Academia de la Historia* (Ettinghausen 11). Como éstos, el *Libro* de don Alonso se halla en un terreno privilegiado para estudiar una época en que nuevos géneros literarios se perfilan mientras que la ficción como categoría sólo se invoca para condenar su falta de correspondencia con el mundo real y por tanto su incapacidad para educar al lector. Ante el precepto horaciano del *docere et delectare*, don Alonso es de los que ha cargado las tintas, literalmente, en el segundo componente del binomio, escribiendo de una manera que fuera informativa y a la vez entretenida, e incluso jocosa, para el lector cortesano al que se dirigía. Pero nuestro autor no es un embustero. Justamente el interés por don Alonso empezó cuando los historiadores descubrieron la veracidad de sus afirmaciones. Sus desplazamientos por Europa son ciertos. Es un hecho que fue caballero de la Orden de Santiago. Fue además informante de importantes cronistas y cuando narra los mismos hechos su versión coincide con la de los cronistas más fiables. Figura en documentos de la batalla de las Salinas en los que aparece como actor principal y consejero de Almagro (Porras 154). Además tiene una preocupación constante por aportar pruebas para los hechos que narra. Aunque inclinado hacia la literatura de entretenimiento y convencido de que un caballero debe divertir a otros caballeros, no deja de comportarse como un historiador y al narrar su vida actúa con el mismo rigor que era propio de la historiografía contemporánea (Goetz 108). Al conjugar veracidad y diversión, don Alonso se adelanta a los libros que otros soldados de fortuna como él escribirán un siglo después.

El estudio de las autobiografías en el Siglo de Oro español tiene antecedentes muy respetables en los trabajos monográficos de Serrano y Sanz, Cossío y Morel-Fatio. Ellos ofrecieron un panorama general del tema así como un *corpus* enorme de textos autobiográficos que venía a refutar la muy repetida idea de que el español era una lengua sin interés por la literatura introspectiva. Más recientemente el tema ha sido abordado en trabajos de mucho rigor que son un aporte invalorable para mi propia tarea de investigación.

En 1974, Randolph Pope publicó *La autobiografía española hasta Torres Villarroel*. Su estudio se centra en las personalidades de los autores que estudia, a quienes clasifica según los rasgos predominantes de su psicología; no tanto por lo que se dice de ellos en las historias o biografías, sino por el retrato que ellos dejaron de sí mismos. Así, sus capítulos llevan títulos como "Los rebeldes," "Los establecidos," "Los aventureros" y "Los enmascarados." Las líneas generales de su trabajo de investigación se concentran en el material leído y en sus recursos lingüísticos y retóricos. En ellos, Pope trata de descubrir el principio que estructura cada una de las obras que lee. Aunque no aborda nuestro objeto de estudio, el *Libro de la vida y costumbres* de Alonso Enríquez de Guzmán, su método al igual que sus conclusiones —sobre todo las del capítulo "Los aventureros"— son de gran utilidad para mi estudio.

*Autobiografías del Siglo de Oro* (1984), de Margarita Levisi, a diferencia del estudio más inclusivo de Pope, se concentra en un grupo bastante restringido de autores (Jerónimo de Pasamonte, Alonso Contreras y Miguel de Castro), todos ellos soldados y todos ellos habiendo escrito en el siglo XVII. Tienen en común además el haber sido autores de memoriales de servicios, narraciones de sus hechos de armas escritas con una utilidad práctica: recibir una recompensa. Los memoriales habrían sido un primer bosquejo de un relato de ambición literaria que se escribiría más tarde. El principal aporte de este estudio es la lectura de los textos seleccionados en el contexto de la literatura de la época, por lo que las alusiones a la literatura picaresca y a las comedias de capa y espada son frecuentes. Levisi nos dice que estos autores escribieron teniendo en mente, a manera de modelo, la literatura que circulaba con éxito en la época.

Rainer H. Goetz, en *Spanish Golden Age Autobiography in Its Context* (1994), presenta un estudio más preocupado por la necesidad de encarar el tema de la autobiografía desde un punto de vista teórico. Sin embargo, al igual que Pope, su pregunta principal es sobre los mecanismos de estructuración y sentido de los textos. También tiene la ventaja de ocuparse de don Alonso —le dedica un capítulo completo—, cosa que los dos anteriores no hacen. Una contribución de gran interés es el repaso cronológico de los usos del yo en literatura, desde el yo retórico, vacío de función autorreferencial, del medioevo hasta productos ambiguos de la Edad Media tardía, como el *Libro de buen amor*.

Goetz establece una comparación entre el *Libro de la vida y costumbres* y las misceláneas pero no explica las razones que llevan a don Alonso a acumular materiales tan diversos en la narración de su vida. Tampoco atribuye un valor específico a la gran cantidad de fragmentos líricos repartidos por todo el texto, que a mi parecer son muy importantes. Parece basar su comparación más en la amistad entre don Alonso y Pedro Mexía que en el estudio de la composición del texto mismo, al que considera una suerte de álbum o libro de recortes ("*scrapbook*") cuya discutible unidad apenas se sostiene gracias al componente autobiográfico (107). Aunque señala la existencia de cartas, narración y diálogos —los componentes retóricos de toda miscelánea— no profundiza lo suficiente en este aspecto.

Otro tema fundamental tratado por Goetz es la democratización del género. Si durante la Edad Media son nobles o eclesiásticos quienes practican la literatura del yo (Juan Manuel, Leonor de Córdoba), en el siglo XVI y más todavía en el siglo XVII nos encontramos con autores de distintos estratos de la sociedad. Cualquiera puede sentirse con derecho a narrar su vida. La aparición de un yo referencial ocurre en distintos documentos: algunos más personales y otros de valor legal o de naturaleza historiográfica.

A los nombres de los anteriores debo añadir el de Hayward Keniston, cuya edición del *Libro de la vida y costumbres* es una herramienta fundamental. Junto con una edición crítica, nos ofrece un estudio histórico y biográfico muy completo del personaje así como una valiosa recopilación de documentos de diverso tipo que él ha recogido de distintos archivos. Fuera de quienes se han ocupado del mismo tipo de textos, otros críticos me han sido de gran utilidad al momento de estudiar algunos pasajes en concreto. De *Palimpsestos* de Gérard Genette he tomado la terminología que me permite representar de manera más rigurosa los ejercicios de parodia y transtextualidad a los que don Alonso es tan proclive. En Fernando Bouza y en Stephen Greenblatt he encontrado páginas muy inspiradoras para entender el comportamiento de Enríquez de Guzmán en el contexto de la corte, y ante ella a la distancia cuando escribe cartas que sabe que serán leídas y compartidas entre cortesanos. De Bouza he tomado ideas fundamentales sobre el valor de la escritura en el contexto cortesano, así como sobre la presencia de gente de placer en el entorno de los Austrias. Pongo énfasis en el hecho de que, durante sus viajes, Enríquez de Guzmán recurre a la escritura para mantener vigente su imagen de hombre ocurrente al interior de la corte.[5]

Mención aparte debo hacer de Georges Gusdorf y Jean Molino. A mi juicio son los estudiosos que mejores luces han arrojado sobre la escritura autobiográfica o autorreferencial en la época que me ocupa. Gusdorf aborda el fenómeno autobiográfico desde distintos flancos: histórico, psicológico, fenomenológico, ontológico, existencialista, estético, lingüístico y ético. Es el primero en fijar límites cronológicos y temporales. La autobiografía, nos dice, no ha existido siempre y menos todavía en todas partes. Es un fenómeno propio del hemisferio occidental y que se define sólo a partir de la asimilación de la introspección cristiana. La conciencia histórica y el individualismo son las condiciones indispensables para la creación de un discurso autobiográfico. Son fundamentalmente las dimensiones histórica y estética de su propuesta las que me han resultado más productivas.

Jean Molino coincide con Gusdorf en dotar a la autobiografía de una historicidad. Lo que hoy llamamos autobiografía es posible en el marco del Renacimiento, cuando podemos hablar de un individualismo y de una conciencia de la interioridad. Lo que define la autobiografía es más una actitud que una característica formal. Puesto que Molino atribuye a España un rol central en el desarrollo de la autobiografía moderna, sus ideas han sido de mucha ayuda al momento de definir mis conclusiones.

* * *

En el capítulo 1 estudio a Leonor López de Córdoba (1363–1414), Diego García de Paredes (1468–1533) y a Diego Galán (muerto en 1648) como a autores de textos autobiográficos en la época que nos ocupa. Doña Leonor era hija de uno de los principales partidarios de Pedro I de Castilla, razón por la que terminó en la cárcel después del ascenso de los Trastámara al poder. Sus *Memorias* cuentan su genealogía, prisión y posterior libertad, para concluir con la recuperación de la posición que según ella le correspondía en la sociedad. En ellas, la interesada cuenta cómo la Virgen María la condujo en un ascenso gradual desde la miseria hasta una posición acorde con su linaje. Detrás de un relato sujeto a las convenciones del género hagiográfico, reconocemos la voluntad férrea de una mujer que lucha frente a circunstancias adversas y sale airosa.

Diego García de Paredes dirige su escrito a su hijo, cuya formación como caballero le preocupa. Toda verdad histórica presente en su relato se subordina a este propósito inicial. De hecho, por más que se refiere a importantes acontecimientos de los que fue testigo y protagonista, siempre privilegia la acción individual y subraya el valor de su conducta por su ejemplaridad y no por la trascendencia de los hechos. Sorprende cómo este soldado extraordinario, reconocido y recompensado por reyes, emperadores y papas, decide empezar el relato de su vida con una aventura menor, en la que se acuchilla con unos parientes durante la disputa por un caballo. Hecho nada notable para el historiador pero muy significativo para la concepción del honor que García de Paredes trata de inculcar en su hijo. Así, la verdad histórica tiene una naturaleza distinta. Ya no importa el valor de determinado acontecimiento en función de la constitución de la historia imperial, importa más bien la trascendencia de ese hecho en la constitución de un carácter. No hay ficción, lo que ocurre es un desplazamiento del punto de interés: del cuerpo social hacia el individuo. La violencia con que se inicia el relato no tiene mayor utilidad que la de señalar su honra y valor personal; tanto, que excluye de su autoglorificación su consagración pública como soldado ejemplar.

Un ejemplo de la progresiva inserción de la literatura profana en los proyectos autobiográficos son las dos versiones de la historia de su vida que dejó escritas Diego Galán (muerto en 1648). El tema de su narración es el cautiverio que sufrió entre musulmanes a lo largo de casi diez años. A Galán lo he estudiado precisamente para mostrar cuánto puede interferir la literatura en un proyecto autobiográfico. Su caso es extremo porque llega a convertir el relato de su experiencia vital en una suerte de novela autobiográfica de la que él mismo es autor y personaje.

El capítulo 2 está dedicado a revisar el bagaje literario reconocible en el *Libro* de Enríquez de Guzmán. Bartolomé Bennassar ha afirmado que en los siglos XVI y XVII las letras constituían un importante medio de ascenso social. De esa idea parto para estudiar el caso de don Alonso como representativo de un cortesano de la época que buscaba brillar en los círculos aristocráticos gracias a su habilidad retórica.

Se ha señalado que don Alonso es un conocedor muy superficial de los clásicos. Esto es cierto; sin embargo, no debe dejarse de lado que conoce bien a los autores que le son más cercanos (Torres Naharro, Boscán, Guevara, Mexía, así como poemas del romancero y de la tradición cancioneril). A ellos los cita y con frecuencia los injerta en su propio discurso con objeto de mostrar humor e ingenio. Me valdré de Gérard Genette y de sus teorías sobre las relaciones transtextuales para entender mejor qué tipo de relación establece don Alonso con sus fuentes. En especial, estudiaré con detenimiento una peculiarísima carta escrita por don Alonso desde el Perú en 1535.

Pongo particular énfasis en la utilización de material en verso. Don Alonso transcribe poemas, pero también los parodia y los injerta en su discurso. Este es un aspecto que hasta ahora no se había estudiado.También tomo en cuenta el componente epistolar, notable en el *Libro* por su cantidad, así como otros componentes típicos de la miscelánea, como diálogos o narraciones breves (descripciones, retratos).

En el capítulo 3 sostengo que don Alonso define la forma final de su *Libro* hacia 1540, cuando regresa a España. En ese momento, dos libros, escritos por dos conocidos suyos, las *Epístolas familiares* de Guevara y la *Silva de varia lección* de Mexía, dominan el panorama. Intento demostrar que esas lecturas, junto con la ya mentada *Propalladia* de Torres Naharro, convencen a don Alonso de que las misceláneas son el modelo más atractivo para su propio proyecto. Para la caracterización de las misceláneas me he servido de la propuesta de Asunción Rallo Gruss.

La concepción del *Libro de la vida y costumbres* como una miscelánea está íntimamente ligada a la necesidad que siente don Alonso de representarse como un cortesano ingenioso y entretenido. Por eso su papel en la corte y su curioso coqueteo con lo bufonesco serán temas también estudiados en esta sección.

Finalmente, a través de la figura de Monardes, tengo ocasión de pasar revista al único testimonio de un lector contemporáneo del *Libro* de Enríquez de Guzmán que tiene por contenido casi exclusivo un elegio de la escritura autobiográfica.

* * *

El discurso crítico sobre las autobiografías en el siglo XX y lo que va del XXI ha producido herramientas brillantes para el estudio de las autobiografías contemporáneas. Transplantados esos modelos a los libros del pasado han servido sobre todo para confirmar esas teorías o simplemente para ilustrarlas. Son poquísimos quienes han producido un corpus crítico destinado exclusivamente a escudriñar los textos antiguos. Más que estudios comprensivos con modelos ambiciosos, lo que tenemos son estudios monográficos que se han ocupado de uno o de un grupo de textos autorreferenciales. Debe haber una razón para esto.

Después de leer y releer con atención mi pequeña selección de narraciones no ficcionales en primera persona proveniente del siglo XVI, puedo afirmar que cada texto requiere de un enfoque distinto. Una comprensión cabal de cada uno de ellos exige una cuidadosa reconstrucción de su contexto de producción y recepción. A esa tarea me aboco en este libro.

*Autobiografía* es una útil y bella palabra que podríamos utilizar, aunque sólo fuera por la comodidad de hacerlo, sin preocuparnos por definirla con precisión o por dotarla de claros límites cronológicos. No obstante, el carácter no comprehensivo o totalizante de mi trabajo no está reñido con el rigor. Por eso, aunque utilizo con frecuencia la palabra no dudo en reemplazarla por el término que resulte más apropiado en cada caso. Por ejemplo, llamaré *memorial* al texto de Leonor López de Córdoba para resaltar esa doble naturaleza que lo caracteriza: de un lado narración personal y, de otro, relación destinada a convertirse en verdad pública. En el caso de Enríquez de Guzmán usaré la palabra *libro* para apuntalar el hecho de que es un conjunto de diversos elementos que él va reuniendo mientras vive fascinado por los libros de misceláneas.

He llegado a la conclusión de que definir qué sea autobiografía es útil cuando uno se dedica a la tarea de especular teóricamente sobre el tema. Frente a textos concretos, las definiciones por lo general se desmoronan o requieren de formulaciones que las alejan más y más de los textos que pretenden representar. Más sensato me parece el intento de Gusdorf de señalar las condiciones y límites en los cuales se puede hablar de autobiografía. Por eso, en este estudio, lejos de proponer definiciones o generalizaciones ambiciosas, me limitaré a investigar las circunstancias (otra manera de decir condiciones y límites) de producción y en lo posible de recepción de un puñado de obras representativas de la voluntad de narrar uno su propia vida en la España del siglo XVI.

**Capítulo uno**

# La tradición autobiográfica española

Desde doña Leonor López de Córdoba
hasta Diego Galán

Antes de ahondar en el estudio de Enríquez de Guzmán y su *Libro de la vida y costumbres,* sería instructivo investigar unos antecedentes de su obra. Habría varios, pero hay tres en particular que son pertinentes para el presente estudio. Los discuto para demostrar que las narraciones en primera persona se adaptan a modelos textuales contemporáneos que son los más leídos y celebrados de su tiempo. El primer antecedente que ilustra esta pauta es un documento escrito por Leonor López de Córdoba que se ha transmitido con el nombre de *Memorias.*

## Leonor López de Córdoba (1363–¿1428?)

No sé si en 1971, cuando Alan Deyermond rescató de los archivos el breve documento autorreferencial de doña Leonor de Córdoba, pensó en cómo un creciente interés por las narraciones en primera persona y los temas feministas convertirían al texto en objeto repetido de estudio. Y no es para menos. Nuestra primera autobiografía —utilizo el término ahora por mera comodidad— surge en circunstancias realmente dramáticas que, afortunadamente, los estudios dedicados a ella en las últimas décadas nos permiten reconstruir con bastante precisión.

Corre el año 1396. Estamos en Córdoba y una mujer, una noble caída en desgracia, dicta a un notario la historia de sus penurias con el propósito de llamar la atención de los reyes, que visitan la ciudad. La mujer, Leonor López de Córdoba, es hija del maestre Martín López de Córdoba, antiguo brazo derecho del rey Pedro I. El rey y el padre han muerto, víctimas de la violenta ascensión de los Trastámara al trono castellano. Desde 1369 su familia ha caído en el desprestigio social; y entre 1370 y 1379 la cárcel sevillana de las Atarazanas ha visto cómo muchos miembros de esa familia iban muriendo. Sabemos que doña Leonor trató de recuperar el esplendor perdido con el favor de algunos de sus familiares, pero 1396 le trajo la magnífica ocasión de tener en Córdoba a los reyes castellanos: a Enrique III, nieto de Enrique de Trastámara, el asesino de Pedro I y de don Martín López de Córdoba, y a la reina Catalina, nieta de Pedro I. Es para ellos, en primera instancia, que doña Leonor escribe porque tiene dos cosas que reclamar. Primero la reivindicación de su nombre y preeminencia social; es una noble y su lugar debe ser la corte. Segundo, y aunque no lo diga explícitamente, la postergación social la ha dejado en la pobreza y una reivindicación efectiva supone la cesión de alguna prebenda. Esto lo conseguirá, como veremos más adelante.

Doña Leonor no ha escrito el tipo de texto que muchos estudiosos de las autobiografías quisieran ver sino un sabio constructo retórico en el que el patetismo de su experiencia vital se combina con un sutil reclamo por reescribir la historia de los hechos ocurridos hacia 1369.

Como antecedente de Alonso Enríquez de Guzmán, doña Leonor se nos presenta también como una noble caída en desgracia. Al igual que con Enríquez de Guzmán, la certeza de que un documento escrito podía ser la carta de presentación más poderosa en el contexto de la corte real se repite. Ambos escriben en función de textos que consideran valiosos y populares y por ello mismo los toman por modelos. Las semejanzas se detienen ahí. Doña Leonor nos ha dejado un escrito muy peculiar y las páginas que siguen tienen el propósito de mostrar esa singularidad.

* * *

Bastante temprano en las letras castellanas, Leonor López de Córdoba nos presenta una declaración dictada en la que da cuenta de las durezas que a ella y a su familia les ha tocado vivir. ¿Cuál es la trayectoria vital de este personaje? Sabemos por ella misma que nació en Calatayud, pero no sabemos exactamente cuándo. La mayoría de críticos suponen que nació hacia 1363.[1] Su padre, Martín López de Córdoba, hizo una carrera formidable al lado de Pedro I, llamado el Cruel, de quien fue camarero mayor y repostero mayor. Fue además adelantado mayor de Murcia, maestre de Alcántara, maestre de Calatrava, embajador ante la corte inglesa y, probadamente, el más fiel servidor de su rey. Estos servicios le valieron un matrimonio ventajoso con Sancha Alfonso Carrillo, mujer noble sacada del convento para esta boda. Ella fue la madre que Leonor no llegó a conocer debido a su temprana muerte. A raíz de su extrema lealtad hacia Pedro I, Enrique, primer rey Trastámara, mandó ejecutar al maestre después de sitiar y vencer Carmona, donde este se había hecho fuerte,[2] y recluyó a su familia en las Atarazanas de Sevilla, de donde no salieron hasta la muerte del rey Enrique, nueve años más tarde, en 1379.

Esta experiencia carcelaria, cuadro conmovedor de miseria y humillaciones, es el primer gran tema de la relación de Leonor. Cuando Leonor sale de su encierro recurre a su familia materna, partidaria de los Trastámara. Su tía María García Carrillo será su valedora y quien le proporcione los medios con qué subsistir. Las relaciones familiares tienen una importancia excepcional para Leonor; ellas demuestran su parentesco tanto con Pedro I como con Enrique III, cuya esposa, Catalina de Lancaster, era nieta de Pedro I e hija de una de las infantas, Constanza, que Martín López de Córdoba habría puesto a salvo después de la muerte de Pedro I, según el relato de Leonor (que no se condice con otras fuentes históricas).[3] Dos generaciones más tarde, el orden se ha restituido y las familias antes enfrentadas comparten el poder. Es en estas circunstancias, siguiendo la tesis de Marcelino Amasuno que expondré a continuación, que Leonor dicta un memorial dando cuenta de las desgracias vividas.

El interés por la autobiografía en la segunda mitad del siglo XX y el rescate de textos importantes logrado por los estudios feministas han contribuido a salvar el memorial de doña Leonor del olvido.[4] No ha sido sin embargo hasta 1996 que un aporte decisivo expuso convincentemente las circunstancias de la redacción del texto que nos ocupa. Amasuno, partiendo de un análisis de documentos históricos, ha llegado a establecer una fecha concreta para el dictado, por parte de Leonor, del texto y con ella la reconstrucción del contexto en el que fue escrito. Lo que parecía ser un memorial de quejas escrito en un tono prestado de las hagiografías en un momento en el cual Leonor cae en desgracia por segunda vez, cuando es expulsada de la corte de Catalina de Lancaster (en 1412), ha sido convincentemente descrito por Amasuno como un memorial escrito años antes, en 1396, y dirigido a los reyes de Castilla, Enrique III y Catalina de Lancaster.

La mayoría de los críticos se había inclinado siempre por 1412 como una fecha muy probable de redacción.[5] Ahora que contamos con el aporte de Amasuno queda en evidencia cómo nuestra comprensión del texto estaba condicionada por nuestra concepción de la autobiografía (por lo general escrita hacia el final de una vida, cuando un personaje abandona su función social y se retira de la vida pública). Sobre esa base, al fechar la redacción hacia 1412, se había supuesto en la autora una doble experiencia de la desgracia (la reclusión en las Atarazanas y su expulsión de la corte de la reina Catalina) que de inmediato se trasladó a la estructura del texto, haciendo de él un constructo simétrico en el cual Leonor termina refugiada en la religiosidad al final de sus días. Es la lectura de Ayerbe-Chaux (sobre el refugio de la religión, ver sus artículos de 1977 ["Las memorias"] y 1992 ["Leonor López"]) y de Ruth L. Haji-Ghassemi ("Crueldad" 23–24, 31). No era así. Su texto perseguía en 1396 una finalidad práctica, y la evidencia documental nos dice que triunfó en su cometido. Mientras la mayoría de los críticos se inclinaba por la fecha tardía de composición, Arturo Firpo postulaba una más temprana: 1400. En general, de las epidemias de peste que pudo presenciar Leonor, se escogió siempre la más tardía. Amasuno ha traído claridad a este asunto. Este crítico presenta un trazado paralelo de la cronología de los hechos referidos por Leonor y de la cronología y trayectorias de las pestes que asolaron el sur de la Península Ibérica durante el siglo XIV e inicios del XV. Cruzando la información de tratados médicos de la época con documentos históricos, Amasuno llega a precisar que la peste de 1396 es el contexto en el que Leonor escribe. Ha dejado atrás la experiencia carcelaria, ha creado un pequeño patrimonio a expensas de su tía materna y, cuando se ve hostigada por sus primas, se dirige a los reyes, invocando su parentesco con ellos, para que su condición de noble sea reestablecida. Los hechos históricos demuestran, como he adelantado ya, que el texto concebido por Leonor y dictado a un notario tuvo éxito. Leonor no sólo consiguió concesiones importantes con relativa rapidez,[6] además sentó los fundamentos de su próximo ascenso en la corte de estos reyes, puesto que más tarde se convertiría en privada de la reina y uno de los personajes más influyentes de esa corte, según cuentan sin contradecirse entre sí las crónicas contemporáneas.

Siguiendo la tesis de Amasuno, que precisa notablemente la cronología de la redacción del memorial, puedo proponer que doña Leonor concibe una narración que informa a la corte real de su situación de noble caída en desgracia. Su miseria es expuesta como consecuencia de la excesiva lealtad de su padre a Pedro I y de las dificultades encontradas para rehacer su vida en un contexto poco favorable: ella y su marido, Ruy Gutiérrez de Henestrosa, lo han perdido todo y la peste les ha arrancado a buena parte de su familia. Es el año 1396, Leonor tiene aproximadamente 34 años de edad y, conocedora de la presencia de los reyes de Castilla en Córdoba, dicta ante un notario o escribano un texto concebido para despertar la misericordia real y desbrozar un camino de ascenso social que la llevará a ser la favorita de la reina Catalina hasta el año 1412, cuando otra vuelta de la rueda de la fortuna la dejará nuevamente en desgracia y alejada de la corte, donde había ejercido tanto poder. Este hecho aparece aludido en el *Cancionero de Baena* (poema 351; ver también Frieden 178). Esta nueva ocasión, sin embargo, no la mueve a escribir. La ira de la reina, quien ha amenazado con quemarla viva[7] si se presenta ante ella, se lo impide. Esta vez una estrategia retórica, como la puesta en marcha en 1396, ya no tiene sentido; faltaría un interlocutor.

En 1992 Ayerbe-Chaux ("Leonor López") propone leer el texto desde una nueva perspectiva: el tema de la muerte, sobre el que habían llamado la atención Amy Kaminsky y Elaine Johnson en 1987. Antes, en 1977 ("Las memorias"), había supuesto Ayerbe-Chaux que Leonor escribió después de ser expulsada de la corte; ahora propone una cronología interna distinta:

> Supongamos que Leonor no dictó las famosas *Memorias* a raíz de su salida de la corte sino años antes al regresar de Córdoba completamente agobiada por el dolor de la muerte de su hijo. Supongamos que no hay un transcurso del tiempo entre el último acontecimiento descrito y el acto de escribir. Entonces la prominencia del tema de la muerte es mucho más explicable. ("Leonor López" 19)

Desgraciadamente esta nueva cronología, aunque más cercana a la que propongo, no se basa en ninguna evidencia histórica sino en una recurrencia temática para la que se busca un correlato en la realidad. El correlato existe pues las muertes son reales, pero la evidencia histórica muestra con claridad que doña Leonor escribió con objetivos claros en mente y, además, que tuvo éxito. El tono confesional y de arrepentimiento debe entonces quedar fuera de nuestra lectura. Pero todo esto —y seguiré más adelante con el tema— es el resultado de una preconcepción errada: suponer que doña Leonor escribe una autobiografía de carácter espiritual, articulada además sobre un eje temático (en este caso la muerte), lo que no es exacto. La descripción formal del texto y su lectura dentro de un contexto histórico más preciso nos permitirá llegar a conclusiones más consistentes.

* * *

No hay noticia cierta sobre la educación recibida por Leonor. Sin embargo, por su posición en la sociedad es muy probable que recibiera una formación esmerada y que tuviera acceso a importantes colecciones de libros.[8] En todo caso, la sola concepción del memorial que presenta a los reyes en 1396 es prueba suficiente de su habilidad retórica y de la certeza que la anima de que una narración inteligentemente construida puede influir en la conducta de sus interlocutores. Leonor no escribe para sí misma; escribe para un grupo reducido de lectores, los reyes y su corte, grupo del que llegará a formar parte gracias al éxito obtenido por su memorial. La concepción de este supone un grupo de oyentes capaces de identificarse con ella y comprender la injusticia inherente a su desgracia. Entre los críticos, Ayerbe-Chaux ha defendido la naturaleza privada de este documento, al que ha llamado "autodefensa interior" ("Leonor López" 22). Postula este autor que Leonor escribe un texto para ser entregado a las autoridades eclesiásticas del convento de San Pablo en Córdoba. La retórica desplegada en el texto y lo que Leonor consiguió con él no están de acuerdo con esa tesis. El único asidero en el que podría apoyarse Ayerbe-Chaux es el hecho de que el memorial se guardó en ese lugar por un tiempo (al menos en el siglo XVIII estuvo ahí), pero nada más. El paso siguiente, comparar el texto de Leonor con el de otras mujeres que dan cuenta de sus vidas a una autoridad de la Iglesia, ya no tiene ningún asidero. Leonor no da cuenta de su vida en forma privada, como quien se confiesa; ofrece más bien su propia versión de la historia en forma pública. Volveré a esto más adelante.

Leonor construye una imagen paterna cuyo signo de distinción es la lealtad. Una lectura de la coetánea *Crónica* de López de Ayala nos muestra a Martín López de Córdoba más bien como un instrumento de la crueldad del rey Pedro I, pues es casi siempre el maestre quien lleva a cabo las ejecuciones ordenadas por su rey. Sólo en una ocasión, cuando se le encarga matar a unos nobles cordobeses, vecinos y parientes suyos, se niega a hacerlo.[9] En un pasaje central, destacado ya varias veces por la crítica,[10] Leonor hace hablar a su padre y crea un pasaje de marcado dramatismo, casi un apotegma[11] si se le toma aisladamente, en el que la sola respuesta del maestre a un traidor establece con claridad la fibra moral del primero. El interlocutor es Mosén Bertrand du Guesclin, "Cavallero franzes," que según el memorial de doña Leonor traicionó a Pedro I en Montiel y facilitó su captura y posterior ejecución a manos de Enrique de Trastámara. Cuando el maestre marcha camino a su muerte, se le acerca du Guesclin y le dice, en palabras de Leonor, "Señor Mastre no os decia Yo que vuestras andanzas havian de parar en esto? y El le respondio: Mas vale morir como Leal, como yo le hé echo, que no vivir como vos vivis, haviendo sido Traydor" (18).

El Bertrand du Guesclin que aparece en las crónicas es muy distinto y, además, no estaba en ese tiempo donde Leonor dice que estaba. Ya en 1370, poco después de los hechos de Montiel, du Guesclin, pagado por sus servicios y reclamado por los planes del rey francés, ha abandonado Castilla (*Crónica* 2: 308). Eso sí, al tiempo que señalamos las inexactitudes históricas del relato de doña Leonor, hay que prestar atención también a las diferencias sustantivas detrás de ellas. El retrato de este militar francés es un punto importante para contrastar a López de Ayala con doña Leonor. Mientras para ésta es un traidor, en la *Crónica* es más bien un soldado ejemplar para quien la fidelidad a su rey —el francés, se entiende— está por encima de todo. Si para doña Leonor, du Guesclin es el traidor que conduce a Pedro hacia su muerte a manos de Enrique, la historia de López de Ayala presenta una trama más compleja. En ella du Guesclin es buscado por un partidario de Pedro para tratar su libertad pero, mientras el francés piensa cómo actuar de modo que sirva más a su rey, él y todos los personajes implicados son arrastrados por la ira de Enrique, quien, una vez frente a Pedro, se dispone a matarlo sin demora (*Crónica* 2: 286–91).

La reproducción de las palabras del maestre es un recurso que se encuentra también en la historiografía contemporánea —la de Ayala, por cierto— y también en la precedente. La utilización del discurso directo, *oratio recta*, no es ninguna novedad[12] en la época, pues se trata de un recurso retórico típico del discurso historiográfico que sobrevivió el tránsito de la Antigüedad a la Edad Media. Inexactitud histórica, sí, pero al tiempo que advertimos que doña Leonor cambia la historia, debemos subrayar y valorar también el efecto dramático conseguido al atribuir tan oportunamente esas palabras al maestre.[13]

* * *

Las inquietudes intelectuales de los siglos XIX y XX han hecho del memorial de Leonor primero un libro de memorias y más tarde una autobiografía. Es con uno de estos términos como se le designa en la bibliografía, pero ya es tiempo de ir quitándole esos títulos que sólo han contribuido a confusiones como ésta: la imagen de una mujer sufrida, que vuelve su mirada hacia la religión cuando ve que todo a su alrededor se ha derrumbado. Esta figura ha tenido mucho éxito entre los críticos. Ya hemos hecho referencia al cuadro imaginado por Ayerbe-Chaux, que por cierto es muy frecuente entre los estudiosos de autobiografías. Otro cuadro hipotético, discutible en tanto que nos impide ver a doña Leonor en pleno dominio de su texto, es el imaginado por Deyermond, que nos muestra a una mujer presa de la desesperación y enfrentada a un notario que se esfuerza por mantenerse dentro de los parámetros de una redacción notarial.[14]

Es poderosa la imagen del autobiógrafo o autor de memorias que escribe al final de su vida, en el momento en el cual se retira de la función pública. Sin embargo, ahora se nos descubre que el memorial fue más bien un intento exitoso que tramó doña Leonor con el objetivo de mejorar su fortuna. La exhibición de las miserias sufridas y de la piedad y lealtad victoriosa ante toda prueba ha dado el resultado esperado. Si bien es razonable señalar su naturaleza autobiográfica por ser una narración autorreferencial, leer el texto a partir de los estudios sobre la autobiografía publicados desde la década del cincuenta del siglo XX no le hace justicia. Es más importante subrayar en él su manejo de la retórica, destinado a influir en las mentes de sus pocos pero importantes lectores u oyentes, y comprobar cómo distintas prácticas textuales contemporáneas (como la hagiografía, por ejemplo) se encuentran en una narración que por su dramatismo y efectividad retórica ha sobrevivido hasta nuestros días y ha sido recogida, de entre muchos otros documentos notariales, para formar parte del corpus literario de la Edad Media tardía en España. El copista que en el siglo XVII llamó al memorial "instrumento" estaba ratificando su carácter público. Aunque anónimo y desprovisto de cualquier interés filológico, su juicio es significativo en tanto que representa un horizonte de lectoría (Ayerbe-Chaux, "Las memorias" 26). El texto es un documento notarial en el que se deslizan contenidos ajenos al orden legal. ¿Cómo caracterizar este texto? No contamos con el original ni tenemos documentación sobre su recepción contemporánea. No obstante, reconstruir el sistema comunicativo del que formó parte es un ejercicio que los diferentes estudiosos de doña Leonor nos permiten ahora llevar a cabo.

El entusiasmo de Frieden (139 y ss.) por la forma epistolar es exagerado. Aunque tiene un destinatario, no es una carta. No es una carta de consolación (Frieden 161, 169) ni mucho menos una carta de consolación que encubre otro género (169). Veamos cómo caracteriza la propia autora aquello que manda escribir. Leonor describe así su empresa: "y por que quien lo oyere sepan la relacion de todos mis echos é milagros que la Virgen Santa Maria, me mostró, y es mi intencion que quede por memoria, mandelo escrevir asi como vedes . . ." (16). Se trata, pues, de una relación de hechos que la autora quiere preservar del olvido. Leonor escribe teniendo en cuenta en todo momento a su receptor. Cuando dice "quien lo oyere" o "quantos . . . vieren" (16), dice en realidad "sus majestades" o "señores de la corte." Es una relación destinada a despertar la misericordia o el sentido de justicia de los reyes, como ha demostrado cabalmente Amasuno. Llamar carta al relato de doña Leonor es subrayar un carácter privado que le es ajeno; además esto puede llevar a conclusiones erradas, como la de Ayerbe-Chaux, quien lee el texto como una confesión íntima presentada a un confesor.[15]

A su paso por distintas ciudades, los reyes debían recibir una cantidad considerable de pedidos, presentados ante ellos en forma escrita. Leonor es la autora, exitosa, de uno de esos pedidos. Ver en el memorial un ejemplo de escritura epistolar o confesión espiritual o el resultado de un texto notarial desbordado por el calor del momento es pasar por alto el inteligente tramado retórico que Leonor ha puesto en funcionamiento para lograr revertir su mala fortuna. Su estrategia trasciende el ámbito privado de una relación epistolar. Más bien, ella inscribe sus palabras en un orden público, el único que le permitía vincular su memorial con la historia oficial. Por siglos ése ha sido el cometido de muchas relaciones, por eso el único documento en el que Leonor apoya la verdad de su discurrir es uno de carácter público: "las Coronicas de España," memoria viva de todos los reinados y texto fundacional de todas las noblezas. Por eso es más productiva la otra filiación estilística ("stylistic connection") —propuesta antes por Randolph Pope, como veremos más adelante— que la misma Frieden señala con el lenguaje de las crónicas (148), filiación que busca la propia autora para establecer el valor del texto, concebido en tensión constante frente al discurso historiográfico.[16] Es su confianza en la reverencia que estos textos generan entre los nobles lo que le anima a tergiversarlos. Leonor dice que Enrique II ordenó en su testamento la liberación de ella y su esposo de las Atarazanas, así como la devolución de los bienes confiscados. Nada de esto se recoge en "las Coronicas de España."[17] No obstante, el "objetivo apologético" del que habla Ayerbe-Chaux ("Leonor López" 27) sigue siendo una categoría a tener en cuenta.

Leonor llama a su texto "Esscriptura" (16) e "historia" (23). En el pasaje citado más arriba, en el que Leonor describe su empresa, las palabras clave son "relación" y "memoria." La equivalencia entre *escritura* e *instrumento público* se halla documentada sólo desde el siglo XVI. Antes, *escritura* tiene el valor genérico de "Acción y efecto de escribir" u "Obra escrita"; *escrito,* sin embargo, vale por "historia" entre los siglos XIV y XVII.[18] En el *Tesoro* de Covarrubias y en el *Diccionario de autoridades* se mantiene el sentido neutro de *escritura*: "Aquello que se escribe," "la acción de escribir." Aunque la acepción jurídica del término se documenta sólo en el siglo XVI, las definiciones de estas últimas dos fuentes son buenas descripciones del texto de doña Leonor: "Escritura pública, la que se hace ante escribano legal, y con sus solemnidades y fuerzas" (Covarrubias) e "Instrumento público jurídico, firmado por la persona que le otorga, delante de testigos, y autorizado de escribano" (*Autoridades*).[19]

Con respecto a *historia*, ya en el siglo XV se la vincula con el pasado: "conocimiento de los hechos pasados, y como en el universo todo existe y sucede en el tiempo, todo tiene su historia."[20] En los siglos siguientes este valor se refuerza: "Es una narración y exposición de acontecimientos pasados, y en rigor es de aquellas cosas que el autor de la historia vio por sus propios ojos y da fe de ellas, como testigo de vista . . ." (Covarrubias), "Relación hecha con arte: descripción de las cosas como ellas fueron por una narración continuada y verdadera de los sucesos más memorables y las acciones más célebres" (*Autoridades*). Dejando de lado el "como ellas fueron," es justamente lo que se propone doña Leonor: escribir la historia oficial, en lo que toca a su familia, para hacer posible su regreso al seno de la aristocracia. El vocablo *relación*, también utilizado por la autora, se vincula con el de *historia* en lo que se refiere a referir o narrar un hecho, según las fuentes ya citadas.

Más interesante resulta el uso del vocablo *memoria,* pues ya desde el siglo XIV se le vincula con *recuerdo* y en el XVI esta voz y *memoria* se usan junto al acto de narrar o referir: "Recuerdo, memoria que se hace o aviso que se da de una cosa pasada o de que ya se habló" (Alonso Pedraz). En Covarrubias y en el *Diccionario de Autoridades* se registra ya la asociación entre *memoria* y la gloria de los antepasados. Esta preocupación por la posteridad es un elemento central en el texto de doña Leonor, que constantemente llama la atención sobre el esplendor de sus antepasados y las virtudes de su padre. Al escribir contra la historia oficial que se gestaba contemporáneamente, favorable a los Trastámara, busca también limpiar la imagen de traidor que se asociaba con su padre. Ahora que la nieta de Pedro I es reina, Leonor da voz a su padre en su relato, como hemos visto ya, para que él mismo señale quiénes son los verdaderos traidores. Hoy entendemos por *memorias* un relato retrospectivo en el cual el autor deja la relación de los hechos que le tocó vivir. Hasta el siglo XVIII, sin embargo, se entendía por *memorias* algo más cercano al propósito que anima a doña Leonor: "Se llama también el libro, cuaderno, papel u otra cosa, en que se apunta o anota alguna cosa, para tenerla presente y que no se olvide: como para escribir alguna Historia, u otra cosa" (*Autoridades*), valor que es importante tener en cuenta dada la relación ya vista entre el escrito de doña Leonor y la historia del pasado reciente que circulaba en su tiempo y que ella quería modificar.

Es notorio que el campo semántico correspondiente a *memoria* sea el más productivo a la hora de caracterizar el documento que nos ocupa. El *Diccionario de autoridades* consigna otras dos voces que debemos retener: *hacer memoria* ("Procurar acordarse de alguna cosa que ha sucedido, y de que ya estaban borradas y confundidas las especies") y *memorial* ("Se llama también el papel o escrito en que se pide alguna merced o gracia, alegando los méritos o motivos en que se funda su razón"). Es indudable que doña Leonor escribe para rectificar aquello que le parece una versión inexacta de los hechos; para ella, *hacer memoria* significa recordar a todos que ella pertenece por los lados materno y paterno a la aristocracia de los grandes de España y que su padre no fue un rebelde o un traidor sino el más esforzado servidor del rey legítimo.[21] Así, de todas estas voces, *memorial* será la más indicada para referirse al escrito de doña Leonor puesto que, como queda demostrado después del muy documentado estudio de Amasuno, es eso justamente lo que hace nuestra autora, fundamentar las razones con las que exige mercedes del rey. A fines del siglo XVI ya se registra este valor para *memorial*: "libro o cuaderno en que se apunta o nota una cosa para un fin" (Alonso Pedraz).[22] Es por esto que entre términos más o menos neutros o de significación amplia como *texto, documento, narración* o *relación* vengo insistiendo sobre todo con el de *memorial*.

* * *

Su ingreso "oficial" a las historias de la literatura española se produce cuando Alan Deyermond le dedica unas líneas en su manual de historia literaria de 1971 (*Historia* 275).[23] Más tarde, Randolph Pope le dedica una sección en su tesis de 1974; antes había sido de interés sólo para historiadores (p.e., Serrano y Sanz, *Apuntes* 1: 16–18). Poco después, Ayerbe-Chaux presentaba en 1977 una muy fiable edición crítica hecha a partir de todos los testimonios conservados. Las décadas posteriores han visto un incremento notable de la bibliografía sobre Leonor y su memorial, del que me beneficio en este estudio.

Pope sostiene su lectura del memorial de Leonor de Córdoba sobre tres estrategias de comprensión. La primera es considerar el texto como autobiografía y construir, sobre la base de los datos históricos, un sujeto autor de ese discurso que escribe en circunstancias extremas. Dice: "La primera autobiografía española surge como el resultado de la perplejidad de un individuo atrapado en el tumulto social que se originó luego del asesinato de Pedro el Cruel y el ascenso de la casa de Trastámara al trono de Castilla" (14). Postular un discurso autobiográfico supone subrayar el individualismo en doña Leonor al extremo de considerarla como aislada del cuerpo social. Aclara Pope: "Esta distancia entre individuo y sociedad, necesaria para que se produzca la afirmación de la personalidad que es una autobiografía, emerge de la situación en que Leonor se encuentra y de una fuerte voluntad de salir de ella" (16). Sin embargo, si bien la figura paterna había pasado de ser el motor del encumbramiento social a ser la razón que la llevó a la miseria, son siempre las relaciones familiares en general las que ofrecen una tabla de salvación. En 1396, cuando Leonor dirige su memorial a los reyes de Castilla, confía en que una situación ahora pacífica, asegurada por la unión matrimonial de Enrique III con una nieta de Pedro I, es una buena ocasión para mostrar la mejor cara de sus ascendientes. Doña Leonor no se define a sí misma por su ser individual sino por sus relaciones de parentesco con personas importantes.

Otra consecuencia de postular el discurso autobiográfico es dotar al texto de una estructura o forma. Para Pope, doña Leonor diseña la narración de su vida en función de ciclos, entendiendo por ellos cambios constantes de fortuna. Frente a ellos la voluntad divina ofrecería una explicación para cada desgracia. Pope resume así su punto de vista:

> La estructuración del material en estos ciclos demuestra la voluntad de hacer coherente su vida, de dotarla de sentido y dirección. Leonor aparece avasallada por los grandes poderes, la guerra y la peste, relegada a su impotencia por su condición femenina, sometida, además, a los inescrutables arbitrios de Dios. A esta estructura dominante corresponde, sin embargo, otra que intenta, a su vez, darle sentido: la Providencia está implícita como la coordinadora de todo lo que ocurre al ser humano. (19)

Esta consideración de la autobiografía como respuesta profunda y vital frente a una circunstancia desfavorable se desvanece cuando se consideran los hechos históricos, que más bien nos muestran el memorial como un escalón más en el exitoso camino que llevó a doña Leonor de las Atarazanas de Sevilla a la corte de Catalina de Lancaster. Es sintomático que Pope observe: "La redacción de la autobiografía deja ver cierta falta de oficio" (23). Como ya hemos visto, otros críticos han insistido también en "ciclos vitales" que se traducen en la supuesta estructura de un texto autobiográfico. Es el caso de Haji-Ghassemi ("La crueldad" 23–24); lo mismo en su tesis ("Metahistorias" 160); también en Piedad Calderón (465–66) y en Kaminsky (20). Curry ha escrito: "El orden de los episodios es casi una realización narrativa de la ubicua rueda de la Fortuna" (159), lo que supone proponer una estructura sin que sea necesario describirla.

La segunda estrategia de comprensión es la postulación de un "pacto autobiográfico" (14). Pero en realidad ese pacto no tiene otro fundamento que el juramento inicial con el que doña Leonor inicia el memorial que, de otro lado, era el encabezamiento usual en este tipo de documentos de carácter notarial. Mucho más valiosa y productiva me parece la tercera estrategia de comprensión. Pope la presenta así: "La dualidad de esta última formulación [el juramento] ("vi y pasó por mí") expresa bien el entrecruzamiento de la crónica y el testimonio de vida personal que se da en la *Relación*" (14). Cuando Pope propone leer el memorial en el contexto de un cruce entre el discurso histórico (crónica) y el de la narración de la propia historia (testimonio) abre un camino más productivo para el estudio del memorial de doña Leonor, que debe leerse no en el contexto de una narración autobiográfica sino junto a los textos en los cuales ella misma sustenta la validez de su discurso: las crónicas.[24]

* * *

Dirigido al rey y a su corte, el memorial debía satisfacer las expectativas de una lectoría noble. Así, el uso que hace Leonor de la religión está de acuerdo con el que hizo antes Juan Manuel, por ejemplo.[25] Como él, utiliza la religión para sustentar sus privilegios de clase. Su acto mayor de caridad, la conversión a la fe católica de un niño judío sobreviviente del pogrom de Córdoba de 1391, está perfectamente de acuerdo con la política de conversiones sustentada por la monarquía. El niño que Leonor declara haber educado en la fe cristiana es un huérfano, que sin duda ha sobrevivido a las matanzas y conversiones forzadas de las que Leonor fue contemporánea. Ella nos dice: "En esto vino un robo de la Juderia, y tome un niño huerfano, que tenia, para que fuese instruido en la fee . . ." (21). Los críticos por lo general señalan que se trata de un sobreviviente del pogrom de Sevilla de 1391. No hay evidencia de ello, pero hay que reconocer que es una conjetura bastante razonable puesto que hacia 1396 ese "niño" (21) ya se había convertido en "mozo" (23, 24). Este hecho ha creado una interesante polémica en torno a si fue un acto bien visto por la aristocracia en general, o si fue un acto propio de la aristocracia fiel a Pedro I, contrario a los intereses de los Trastámara, y por el cual, como dice Ayerbe-Chaux ("Leonor López" 20–21), Leonor resulta castigada.[26] Es decir, según este crítico, Leonor estaría relatando al rey Trastámara los castigos que fueron consecuencia de ese acto rebelde.

Frieden (152) ha presentado la muy sugestiva tesis de que Leonor escribe para refutar a Pedro López de Ayala, cuya *Crónica* presenta un retrato poco favorable de su padre. La imagen del autor que escribe, o manda escribir, como es el caso de Leonor, para refutar la historia, o al menos reescribirla, es bastante atractiva. Las causas finales o utilidades prácticas que podamos imaginar hoy para unas memorias o unas autobiografías no podrían aplicarse a un texto de fines del siglo XIV. Leonor y sus contemporáneos concebían la historia de otra manera. Las "corónicas" de las que nos hablan por lo general se refieren a acontecimientos relativamente recientes. Leonor remite a sus lectores u oyentes a las "Coronicas de España" para constatar la nobleza y esplendor de sus padres y abuelos. Ciertamente estas crónicas se manejaban como documentos oficiales cuya verdad era aceptada por todos. Un cronista real representaba la voz oficial. ¿Cómo es entonces que Leonor se permite enmendar la plana a los historiadores? ¿No iba a ser acaso obvio que los hechos del cerco de Carmona estaban cambiados? Cuando Leonor le dice a Catalina que fue su padre quien puso a salvo a su madre, ¿no sería capaz Catalina de rectificarla y aclararle que doña Constanza no estuvo involucrada en ese hecho? Ciertamente, doña Leonor estaba tratando de imponer una verdad.

Sobre la base del importante aporte de Amasuno, quiero proponer una lectura general del memorial de Leonor como un intento de parte suya de que se le lea junto a "las Coronicas de España." Mi tesis es que Leonor se considera a sí misma testigo presencial de los hechos que narra ("lo vi, y pasó por mi, y escribolo . . . ," 16) y, en tanto que tal, se permite si no corregir la historia al menos ofrecer una versión que pueda reclamar su derecho a ser tomada en cuenta. En otras palabras, añade unas páginas más al gran libro de la historia. Lo que se desprende de esto es que la historia en los albores del siglo XV se nos presenta como un corpus documental producido por y para los grandes de España; es el texto en el que se reconocen y también aquel con el que se legitiman. No tenemos hoy una palabra que refiera a semejantes textos. Leonor, muy solemne, lo llama "Esscriptura" o "historia." Quizá el mismo gesto de escribir un memorial significaba para Leonor y sus contemporáneos un acto de adscripción a la nobleza, una proclamación de autoridad. Habrá que subrayar las palabras preliminares del documento: "y es mi intencion que quede por memoria, mandelo escrevir asi como vedes" (16), donde el verbo *mandar* connota su posición de portadora de una verdad oficial.[27]

A diferencia de don Alonso, doña Leonor sí logra presentar modelos de conducta a sus lectores. Si su padre, su hermano y su hijo representan virtudes masculinas ligadas a la tradición caballeresca, ella ha escogido para sí otras que considera más propias de su sexo: devoción y caridad. Ambas virtudes se manifiestan juntas y en estrecha relación con la Virgen María. La figura de la Virgen funciona como mediadora. Al invocarla, Leonor ofrece a sus oyentes y lectores una garantía de la verdad de sus palabras y de la justicia de sus reclamos. De otro lado, es la misma Virgen la que otorga validez a los milagros y visiones que Leonor narra en su memorial. Ella dice: "la relacion de todos mis echos é milagros *que la Virgen Santa Maria, me mostró* . . ." (16, mis itálicas).[28] Como declarar milagros y visiones podía llamar a suspicacia, Leonor se asegura de establecer un programa exhaustivo de oraciones como el vehículo que le permite ser la receptora de los favores de la Virgen. Además, ella tiene cuidado de señalar el carácter instructivo que el relato de su sueño puede tener para otros, lo que no es extraño en la tradición hagiográfica (Goldberg 21). Hace bien Harriet Goldberg cuando utiliza la expresión "dream report" porque la palabra *sueño* por sí sola no da una idea de la función que este cumple dentro del texto: "It is in the act of relating the dream to the reader or to another character that the act of seeing becomes an event and therefore a part of the narrative" (22). Quien relata un sueño suele ser consciente del valor de este y no deja al azar la terminología usada.

La Edad Media conocía una terminología precisa para los distintos tipos de sueños, y quien narraba los suyos escogía con cuidado las palabras, así como el contexto en el cual situaba su experiencia (Goldberg 24; Joset, "Sueños" 69). La relación entre el proyecto de doña Leonor de consolidar su posición social y el contenido del sueño nos hace saber que se trata, no de una visión motivada por los humores corporales, sino nacida de sus pensamientos más profundos (*ex parte anime*, según la terminología premoderna proveniente de Macrobio) (Goldberg 29; Joset, "Cuatro sueños" 144). Jacques Joset destaca que el hecho de ubicar el sueño en horas de la mañana (doña Leonor dice "tocando el Alva," 21) contribuye a apuntalar su credibilidad. Según el *Tratado de los sueños* de fray Lope de Barrientos que él cita, la mejor prueba de que un sueño es verdadero es que este ocurre "cerca de la mañana, después de celebrada la digestión, cuando los vapores de ella están ya delgados e sotiles en tal manera que no empachan tanto a las potencias de facer sus operaciones" (citado por Joset, "Cuatro sueños" 145). Otro aspecto que otorga validez al sueño según los tratadistas citados por Goldberg y Joset es el hecho de que una sensación inicial de temor, ausente en doña Leonor, se convierte al final en una de agrado que embarga al soñador ("y en esto desperte, é obe esperanza enla Virgen Santa Maria que me daria casa . . . ," 21).

En la época, y más aun tratándose de una mujer, sus visiones habrían llamado la atención de las autoridades eclesiásticas sobre su caso, y muy probablemente ella habría sido sujeta a interrogatorios y a otro tipo de probaciones. Por eso, es significativo que doña Leonor haya hablado de visiones muy concretas (la casa, el portón, la ubicación de la casa) y de milagros relacionados a ellas. Además, ya hemos visto cómo los episodios sobrenaturales están estrechamente vinculados a sus planes concretos, con lo que logra situar su vida en el contexto más amplio de un plan providencial. De otro lado, los milagros como género no le debían ser extraños puesto que ella misma narra uno de ellos: la historia de la monja que rezaba a un crucifijo. Sintiéndose ella misma aleccionada por el milagro que acaba de narrar, pasa de inmediato a la acción y reza como la monja protagonista de su breve milagro.[29]

La importante presencia de la religión en el memorial ha hecho pensar a más de un crítico que Leonor es una mujer piadosa que ha encontrado en la oración y en su peculiar comunicación con la Virgen un refugio donde ponerse a resguardo. Ayerbe-Chaux ("Las memorias" y "Leonor López"), Haji-Ghassemi ("La crueldad" 26) y Gómez Redondo (82–83), entre otros, lo han visto así. Ya hemos dicho antes cómo una datación equivocada del memorial ha condicionado ciertas interpretaciones que necesitan revisarse. Sí es imprescindible decir con respecto al componente religioso que en el retrato que hace Leonor de sí misma destacan elementos característicos de la literatura hagiográfica, como su devoción extremada y esa relación que sabe urdir entre sus planes personales y una supuesta intervención de la providencia. En esto Leonor recuerda a los modelos femeninos de santidad propios de la tradición hagiográfica (Vozzo 17). Lia Vozzo va más allá que otros críticos y nos habla de la voluntad de Leonor de presentarse como santa (21).

Como nos recuerda Vozzo, aunque en la edición del marqués de la Fuensanta del Valle (s. XIX) el memorial se presenta como "Relación que deja escrita para sus descendientes Leonor de Córdoba," no es posible saber si estas palabras corresponden al original, hoy perdido, o si son añadido de un copista del s. XVIII (12). Lo que se encuentra sin duda es una defensa del linaje basada en el rescate de un "patrimonio familiare di aneddoti esemplari tramandati oralmente ed entrati a far parte della memoria del lignaggio" (Vozzo 14 y 34). El relato de la muerte del padre, del hermano y del hijo se acompaña siempre de un breve discurso en que el que está próximo a morir demuestra su caballerosidad y cuya actuación contrasta, como nos recuerda Vozzo, con conductas reprochables (du Guesclin como traidor, los frailes ladrones y las parientas malintencionadas) (16). El carácter noble de estos personajes justifica rescatar sus últimas palabras como única señal de distinción posible en una circunstancia difícil. La intención del memorial es doble, y no necesariamente manifiesta. De un lado, Leonor reclama que manda escribir para que otros se beneficien; de otro, lleva a cabo una reivindicación del orgullo familiar (Ayerbe-Chaux, "Las memorias" y "Leonor López"; Vozzo). Esta doble naturaleza ya la había declarado Deyermond: "It is . . . a piece of devotional exemplary literature —as well as a memoir and a self-justification" ("Spain's" 31).

La narración autobiográfica necesita justificarse como lectura edificante, que es algo que hace Leonor desde las primeras líneas, como hemos visto. Vozzo ha puesto en evidencia cómo el propósito de doña Leonor se corresponde con la visión medieval de la escritura autobiográfica. En el *Convivio*, nos dice, Dante ofrece dos razones que autorizan a "parlare di se medesimo": para defenderse de una injusticia (como Boecio en su *Consolación de la filosofía*) o cuando el relato de una vida tiene un efecto edificante para los lectores (como en las *Confesiones* de san Agustín). Subraya finalmente que las dos razones, "quella apologetica e quella edificante," se encuentran presentes en el memorial de doña Leonor (Vozzo 13 y 33).

Si doña Leonor escribe para enfrentar su verdad con la del discurso oficial de las crónicas contemporáneas a ella, veremos pronto que no toda persona embarcada en la tarea de narrar su vida tiene las mismas ambiciones. Diego García de Paredes, el llamado Sansón extremeño, hará precisamente lo opuesto: se despojará de cualquier intención de entrar en la Historia por la puerta grande. A él no le interesa en absoluto señalar su papel en la construcción de las glorias del Imperio. Todo lo contrario; dejando de lado los nombres de los importantes oficiales a cuyo lado peleó y olvidando a propósito los resonantes nombres de campos de batalla en que brilló como soldado excepcional, se dedicará a contar de la manera más cruda los episodios en los que su coraje y fuerza física son los únicos protagonistas.

Doña Leonor se asimilaba a la corte como persona de nobleza probada y gran lealtad, asegurada por la trayectoria vital de su padre. Don Alonso, 150 años más tarde, tendrá una estrategia muy distinta: es su carácter de hombre urbano, ocurrente y entretenido, lo que debe asegurar su pertenencia al círculo más íntimo del poder real. Frente a ellos, Diego García de Paredes es el opuesto del pretendiente a cortesano. No le interesan las galas ni las relaciones con el poder; para él sólo cuentan el valor y la fuerza física. Sin embargo, esta peculiar concepción del valor viene también de ciertas lecturas: los libros de caballería que sin duda conocería puesto que el éxito de este género es paralelo a los progresos del impulso militarista castellano, del cual García de Paredes es protagonista. Aunque distintos, doña Leonor, don Alonso y García de Paredes coinciden en reconocer el valor trascendental de la escritura en la construcción de una memoria personal.

## Diego García de Paredes (1468–1533)

En la vida de Diego García de Paredes es difícil separar el hecho histórico de la atribución irresponsable de actos excepcionales. Si alzó en peso una pila de agua bendita para complacer a su madre o si detuvo con un dedo la rueda de un molino ("girando a toda velocidad," como añaden todas las fuentes que refieren el hecho) son hazañas propias del personaje legendario que García de Paredes ha llegado a ser; sin embargo, muchos biógrafos o historiadores las confunden por lo general con datos fidedignos al escribir sobre este soldado. Fuera del ámbito de la leyenda, las crónicas de los importantes episodios históricos en los que participó nos ofrecen noticias fiables de un García de Paredes adulto. Esta imagen de una persona ya madura, la misma que hallamos en las crónicas, es la que nos ofrece cuando escribe sobre sí mismo.

Estuvo presente en los sitios de Ronda, Baeza, Málaga y Granada,[30] entre 1485 y 1492, durante la etapa final de la Reconquista llevada a cabo por los Reyes Católicos. También fue protagonista en Canosa y Ceriñola (1503) y otras batallas ligadas a la conquista del reino de Nápoles a principios del siglo XVI. A esta última campaña corresponden la casi totalidad de los episodios narrados en la *Suma*. Su participación en las Comunidades (1519–21) no debió significar motivo de orgullo puesto que pasa sobre ellas con un escueto "Sucedieron las Comunidades y pararon en lo que ya sabéis" (258). Los enfrentamientos contra los franceses en Navarra constan también en su hoja de servicios. Se ganó la amistad y confianza de Gonzalo Fernández de Córdoba, el Gran Capitán, y fue celebrado y recompensado por el papa Alejandro VI, el rey Fernando el Católico, el emperador Maximiliano y el joven Carlos V. El rey católico y Maximiliano le concedieron escudos de armas y

Carlos V lo nombró caballero. Al armarlo caballero en Bolonia el 24 de febrero de 1530, Carlos V le entregó un privilegio donde se recogen sus principales hazañas. Un privilegio anterior, firmado por Fernando el Católico, incluía también un relato de sus hechos más notables.[31]

Ninguna de estas honras recibidas —que habrían generado páginas incontables en cualquier cortesano profesional— rescatará García de Paredes cuando se ponga a escribir al final de su vida. Lo suyo serán los lances puros. La acción misma reducida a resaltar la fuerza, la astucia y el valor personales. Son las cualidades en las que García de Paredes cifra su honra personal, su mayor tesoro, aquello que puede dejar a su hijo como herencia.

Existe una diferencia radical entre doña Leonor y García de Paredes.[32] Mientras ella rinde tributo a la verdad oficial, aquella contenida en las crónicas, para García de Paredes los hechos son bastante más importantes que la verdad oficial recogida por escrito. Doña Leonor, lejos de luchar contra la versión oficial de la historia, busca reformularla en sus propios términos. Aunque la *Suma* se ha difundido junto con una crónica, como veremos a continuación, García de Paredes no pretendió nunca parangonarse con este género; más bien escribe breves relatos de hechos concretos, llenos de acción y vacíos de trascendencia política, que agradan más a quien disfruta leyendo aventuras que a quien busca la verdad histórica. En consecuencia, cuando García de Paredes narra la historia de su vida, los honores recibidos se disipan y de las grandes batallas no quedan sino los detalles minúsculos en los que García de Paredes brilla por su fuerza o su astucia. Lo resume bien Randolph Pope: "Donde podrían esperarse noticias de grandes batallas, no hay sino rencillas de familia y duelos de soldados . . ." (25). Aunque soldado de un imperio en expansión, en los inicios del siglo XVI, su comportamiento todavía corresponde, como veremos más adelante, al del caballero medieval.

Las memorias de García de Paredes aparecieron con el título de *Breve suma de la vida y hechos de Diego García de Paredes: La cual él mismo escribió y la dejó firmada de su nombre como al fin de ella aparece*. Acompañaban, como apéndice final, las *Crónicas del gran Capitán* (Alcalá de Henares, 1584).[33] La difusión de la *Suma*, sin embargo, es bastante más compleja. En su estudio sobre las autobiografías de soldados, Alessandro Cassol

(*Vita* 79) describe cuatro manuscritos existentes en España, dos en la Biblioteca Nacional y dos en la biblioteca de la Real Academia de la Historia. Las versiones son pues varias y ninguna de las dos que más han circulado —las editadas por Menéndez Pelayo (1900) y Rodríguez Villa (1908)— puede considerarse definitiva.[34] A diferencia de las vidas que otros soldados escribieron, la de García de Paredes sí se publicó, aunque póstuma y sólo con este carácter de complemento de una crónica de mayor relevancia histórica. Su autenticidad ha sido puesta en duda por Serrano y Sanz (*Autobiografías* lix) y por Benito Sánchez Alonso que, aunque rescata la *Suma* como uno de los pocos ejemplos de autobiografía, dice de ella que es "de insegura autenticidad y poco considerable" (1: 425). Como Serrano y Sanz, Sánchez Alonso lleva al extremo el juicio de Menéndez Pelayo para quien la narración de García de Paredes "si no es enteramente apócrifa (y por su estilo no lo parece), está a lo menos corrompida e interpolada" (cxxxii). Estos mismos críticos, sin embargo, han llamado la atención sobre la "sencillez y naturalidad" (Sánchez Alonso 1: 426) de la narración o la ambigüedad[35] del retrato, librando así al texto de la sospecha de ser una mitificación hecha por mano ajena del hombre elevado a héroe.

Esto último, sin embargo, no debe llevarnos a descartar la posibilidad de que en continuas transcripciones del original se hayan incluido elementos dirigidos a ese fin. Se ha dicho también que en muchas ocasiones García de Paredes deja de narrar hechos históricos que hubieran contribuido a su fama personal. Aunque es cierto que por momentos suena petulante y fanfarrón, no deja de ofrecer un retrato bastante convincente de sí mismo. Por lo general, las crónicas son más favorables a su fama de lo que es él mismo, pues en ellas aparece arengando a las tropas, aconsejando al Gran Capitán y cumpliendo a cabalidad con su papel dentro de las estrategias bélicas diseñadas por este último. Finalmente, no hay mayor diferencia entre la propia narración de sus hazañas de guerra y aquella que ofrecen los privilegios dados por Fernando el Católico y Carlos V que he visto transcritos en la biografía de Tamayo.

En su relato de victorias y hazañas valerosas, García de Paredes olvida fechas, nombres y lugares. Esto no importa. Lo que es trascendental para él son los actos mismos, vacíos de sus circunstancias concretas. Por eso, cuando ofrece las cantidades de soldados en cada bando, no busca pintar una figura completa sino más bien mostrar su valía al enfrentarse por lo general a un número mayor de soldados, tal y como hizo en el episodio inicial de su libro. El relato de la proeza exige, no obstante, detalles:

> Tomáronme cuatro hombres de armas y llevándome preso á pie, tomamos una puente sin bordos; y pasando por ella abracéme bien con los que me llevaban asido, y trabado con ellos, me arrojé de la puente abajo con ellos en el río, donde todos ellos se ahogaron y yo escapé por buen nadador y la voluntad de Dios, que si me llevaran al campo me dieran mil muertes; y así me volví a nuestro campo armado de todas armas, á pie y mojado y herido y seis millas de camino. (257)

Tradicionalmente los críticos de García de Paredes han sido bastante benévolos con la *Suma*. El orgullo nacionalista ha llevado a más de uno a disimular la cruda sencillez del texto en comparaciones exorbitantes, no exentas de caracterizaciones forzadas del autor que García de Paredes nunca fue. Como ejemplo de ello, cito a Miguel Muñoz de San Pedro, extremeño igualmente, que en su *Diego García de Paredes, Hércules y Sansón de España* (1946) escribe lo siguiente: "Durante los últimos días de su vida en Bolonia, un poco a la imitación de César en sus *Comentarios*, Paredes hizo este corto relato, sencillo y no falto de belleza, narrando sucesos sin orden cronológico, sin abarcar el conjunto de ellos, con preterición de los más trascendentes y primacía para sus lances de riñas y cuchilladas" (10). Es decir, justo lo opuesto de lo que hace Julio César en sus *Comentarios*, libro en el que cada detalle obedece a la voluntad del autor por presentar una imagen de militar responsable frente al senado romano.

Las increíbles hazañas protagonizadas por García de Paredes, tanto las reales como las que pertenecen a la leyenda, han sido el combustible que ha multiplicado una infinidad de libros, la mayoría de ellos desprovistos de rigor.[36] La leyenda ha servido por mucho tiempo como el vehículo ideal para celebrar a un hombre extraordinario, su tierra (Extremadura) o su nación. Si a esto se añade la escasez de noticias sobre su vida fuera del ámbito de las campañas militares de las que tomó parte, no es raro que Muñoz de San Pedro haya declarado la necesidad de completar la historia con la leyenda (68), con lo que García de Paredes acabó desdibujándose, por la acción misma de quienes querían celebrar su figura, como autor de una narración de su propia vida o, al menos, de algunos episodios de ella que él quiso salvar del olvido.

Con mayor seriedad y dentro del campo de los estudios literarios, Pope le ha dado un lugar a la *Suma* en su estudio *La autobiografía española hasta Torres Villarroel* (1974). Entre otras cosas, ha indicado cuál es el mecanismo en torno al cual García de Paredes construye la narración de su vida: la anécdota. Nos dice: "Su relato recurre a la anécdota, una forma simple apropiada . . . para presentar acciones unidas por algún factor común, pero no para ir desenvolviendo el transcurso de la historia" (26). Ese factor común es la demostración del valor personal en una situación dada. Las circunstancias son pocas porque importa el hecho crudo, desprovisto de cualquier contexto. Por eso la cronología y la ubicación son vagas. García de Paredes se dirige a su hijo y quizá a otras personas de su entorno, que saben de esos hechos y no precisan de mayores referencias.

Cassol nos ofrece también conclusiones muy valiosas. La base de su estudio es la confrontación de las dos ediciones más difundidas de la *Suma* (las ya aludidas de Menéndez Pelayo y Rodríguez Villa, de cuyos textos no sabemos cuál es anterior cronológicamente). La comparación nos permite apreciar que el texto publicado por Rodríguez Villa es más rico en detalles y que luce además una lengua más cuidada. Detrás de estas diferencias se revela para Cassol un proceso de mitificación de García de Paredes paralelo al éxito de los libros de caballerías (*Vita* 78). Es significativo el contraste entre los finales de la relación, que aquí transcribo:

> Dejo estas cosas á Sancho de Paredes por espejo en que haga sus obras conforme á estas en servicio de Dios. (ed. Menéndez Pelayo cxxxii)

> Dejo estas memorias[37] a Sancho de Peredes, mi hijo, para que en las cosas que se ofrecieren en defensa de su persona y honra, haga lo que debe como caballero, poniendo á Dios siempre delante de sus ojos y procurando tener razón para que le ayude. (ed. Rodríguez Villa 259)

El texto de Rodríguez Villa nos presenta el concepto de honra asociado a la figura del caballero en un grado de elaboración tal que es ajeno al texto de la primera. Hallamos en esta edición de Rodríguez Villa un componente de individualismo que Cassol subraya (*Vita* 82) y pone acertadamente en relación con el éxito editorial de los libros de caballerías.[38] Tanto Pope como Cassol coinciden en comprender el texto de García de Paredes y su difusión sobre el fondo del discurso heroico de los libros de caballerías. Tanto en la redacción original, que probablemente nunca conoceremos, como en su difusión, con seguridad alterada, el mundo caballeresco está presente. Más adelante revisaré este contacto entre la *Suma* y el género caballeresco.

* * *

De todas las anécdotas, que se suceden unas después de otras sin un momento de descanso, la primera es la más importante. Su posición inicial nos ofrece una primera visión de García de Paredes, del personaje retratado por sí mismo, en el momento en que se produce un hecho para él decisivo: sale de su pueblo y empieza su camino hacia Italia, escenario en el que transcurren casi todas las aventuras de su relato. García de Paredes no da muestras de ser un escritor con oficio, sin embargo ha sabido seleccionar con mucho criterio con qué aventura comenzar su historia. No hay antepasados que lucir ni una educación de la cual dar cuenta. Fiel a su propia leyenda, García de Paredes entra en su historia tal y como ha llegado a ser: un valiente que nunca desperdicia una oportunidad para mostrar su valía. Esta dimensión de su personalidad, que en la *Suma* se impone a cualquier otra, adquiere cierta circularidad porque vemos que García de Paredes inicia y termina el relato de su vida sin renunciar a ningún desafío. Su leyenda no es sólo póstuma, es también contemporánea como se aprecia en los privilegios firmados por Fernando el Católico y Carlos V, a los que ya he hecho referencia. Recordemos esas primeras líneas de la *Suma*:

> En el año de mil y quinientos y siete hube una diferencia con Ruy Sánchez de Vargas sobre un caballo de Coraxo, nuestro sobrino, que yo le tomé para venir en Italia. Vino tras mí el Ruy Sánchez con tres de caballo y dímonos tantas

> de cuchilladas, hasta que cayó Ruy Sánchez, é luego sus escuderos me acometieron de tal manera, que me vi en grande aprieto, pero al fin los descalabré a todos y fuí mi camino. (255)

La violencia de los hechos, el estar rodeado de varios enemigos, el verse en aprietos y, finalmente, el imponerse por la fuerza, todo corresponde a un programa, seguramente no meditado, pero que se repetirá una y otra vez a lo largo de toda la *Suma*. Pope ha señalado también lo siguiente sobre los diversos hechos narrados por García de Paredes: "Cada una de las anécdotas . . . tiene el valor de una ordalía, en la cual la rectitud de la vida de Paredes queda demostrada sin apelación" (27). Habría que insistir en que es esta primera anécdota la que establece el tipo de las que vendrán a continuación. Cada hecho narrado por García de Paredes no hace sino repetir aquello que se lee en las primeras líneas. La escena que abre la *Suma* es bastante violenta y cruda pero, sobre todo, es muy representativa del espíritu que lo anima a escribir: un hombre demuestra su valor con sus actos. El honor no se hereda, se gana a fuerza de imponerse en distintos lances. García de Paredes no tiene ninguna ascendencia que mostrar; su valor no reside en su genealogía sino en la fuerza de sus brazos y su astucia en el combate.

El último párrafo de la *Suma*, como el primero, es de gran interés. Es una reseña, irónica, de su vida y una reflexión sobre la honra: "Fuimos a Bolonia, y parece que le place á Dios que por una liviana ocasión se acaben mis días" (259).[39] Una mano anónima nos da detalles sobre la "liviana ocasión" que causó su muerte: "Falleció Diego García de Paredes en Bolonia de achaque de que unos caballeros mancebos derrocaban con el pie derecho una paja de la pared, poniendo de corrida en ella el izquierdo; él quiso probar también y cayó y murió de achaque de la caída" (259).[40] La pregunta que se sigue de este final es por supuesto por la historicidad de este testimonio, sobre todo por aquella parte en la cual García de Paredes reconoce que está próximo a morir. Aunque es lícito dudar de un cuadro tan perfecto (el autor cierra la historia de su vida con una reflexión sobre ella), nada se opone a que haya sido así realmente. Es más, esta convalecencia es nuestra única evidencia para explicar por qué un hombre de acción decide finalmente tomar la pluma y escribir. Es bastante verosímil que García de Paredes haya escrito su breve relación estando convaleciente de esa caída a la que el editor del texto hace alusión. Por Muñoz de San Pedro (11) sabemos que existió tal documento autobiográfico.[41] Nada en su vida, tal como la conocemos por diversas fuentes, nos invita a pensar que haya tenido otros momentos de esparcimiento en los cuales se haya dedicado a escribir. Su lenguaje coloquial, desarreglado y lleno de italianismos nos hace ver que no practicaba la escritura con frecuencia.

* * *

Si las primeras líneas de la *Suma* nos dan la medida de lo que vendrá después, las últimas nos hablan del propósito que animó a García de Paredes a escribir. El propósito de estas anécdotas queda claramente expuesto en las líneas finales que hemos ya transcrito. No escribe para perpetuar las circunstancias de los hechos históricos de los que fue testigo o protagonista; de ahí la vaguedad en la presentación de las circunstancias, a la que ya hemos aludido. Su hijo, aunque no lo acompañó en sus aventuras, las conocería,[42] lo mismo que otros personajes cercanos y lectores potenciales de la *Suma*. Tampoco escribe para otro contexto de lectura que no sea el familiar. No hay nada oficial en su narración, ni nada en ésta que nos haga pensar que esté destinada a ganar el favor de algún poderoso. Le interesa únicamente presentarse ante su hijo como un modelo de caballero, mostrarle un camino a seguir.

Pope ha dado una explicación muy satisfactoria a la inclusión de este ideal caballeresco en el relato: "Don Diego no estaba en la *Suma* elevando un memorial, algo que había hecho en otros años, sino creando un modelo para su hijo, estableciéndose a sí mismo como un *imitabile*, a su manera, con su propio criterio, pero también en la tradición del caballero medieval que, a punto de surgir poderosamente en la literatura española, estaba siendo desplazado en la realidad" (28). A lo que agrega: "Lo que le interesaba para modelo de su hijo era la acción individual, única; quería enseñarle a ser caballero, no soldado, enfrentándose a la marea de los tiempos que relegaba el heroísmo individual a la literatura y las crónicas" (30). Este desfase entre el ideal caballeresco que anima a García de Paredes y su extinción hacia mediados del siglo XVI es una perspectiva valiosa de lectura.

En este sentido es muy reveladora la anécdota que narra su duelo con el coronel Palomino (257), quien considera que lo de García de Paredes no es valor sino locura que pone en riesgo la vida innecesariamente. Bastó que Palomino señalara una actitud irresponsable para que García de Paredes viera en ello una afrenta personal. Nosotros vemos más bien dos maneras de entender la profesión militar. Según Pope, "Paredes tiene como fuerza motora un sentido del honor que lleva a estimar el valor del individuo y a dejar en segundo plano los afanes de la consolidación del imperio" (30). Su actuar corresponde al de los señores de antaño. Es irónico: con su esfuerzo constante por probar su honor y ganar fama, García de Paredes contribuye a forjar una unidad política, un estado moderno que, en su condición de mercenario, no llegaba a comprender ni valorar. Sorprende encontrar en el privilegio firmado por Fernando el Católico un relato de este desafío entre nuestro personaje y el coronel Palomino.

Con esto último está relacionada la semejanza que hallamos entre la conducta de los grandes hombres y aquella de quienes pertenecen a una jerarquía menor de la sociedad. Conocida es la voluntad de Carlos V de desafiar a duelo al rey de Francia Francisco I para resolver sus diferencias. Daniel Eisenberg ha escrito sobre la influencia de la corte de Carlos V en la circulación profusa de los libros de caballerías entre las capas altas de la sociedad. La primera mitad del siglo XVI representa el auge del género, al que ayudan decididamente el Emperador y su corte, "which set a model for the country by its interest in romances of chivalry and chivalric spectacle" (94–95). Al igual que el Emperador, García de Paredes y también don Alonso Enríquez de Guzmán serán protagonistas de retos y desafíos. Como en los libros de caballerías, García de Paredes es un héroe que se impone por su valor. El siglo XVI supone el esplendor de los libros de caballerías como género. Es también el siglo que vio crecer la leyenda de García de Paredes. Los manuscritos descritos por Cassol (*Vita* 235–36) son todos del siglo XVI y la popularidad de los hechos de García de Paredes está atestiguada no sólo por la formidable escena de lectura en la venta de Juan Palomeque (*Quijote* I.32) sino también por su reflejo en importantes autores del Siglo de Oro español, como Lope de Vega y Quevedo (Cassol, *Vita* 76).

Podemos deducir que García de Paredes conociera los libros de caballerías a partir de algunos de sus actos, que se presentan repetidamente y se cumplen como un ritual. Tan pronto como se le llama mentiroso o traidor, responde con una invitación al duelo; una vez que vence, se dispone a cortar la cabeza de su contrincante; concluida la faena, reitera que tiene razón y que Dios estuvo de su lado. García de Paredes no menciona ningún libro de caballerías, ni recuerda el nombre de ningún caballero en particular, pero se comporta como uno de ellos.

Quien combate se impone por fuerza e ingenio, pero al triunfar se siente dueño de la razón o alineado con la voluntad divina: "Por estas cuatro cosas que me acaecieron casi juntas me vinieron muchos reveses, así de amigos como de enemigos, porque en espacio de otros dos meses combatí otras dos veces y quiso Dios darme victoria por la razón que tenía" (257).

Al retratarse a sí mismo como protagonista de lances variados en los que pone a prueba su valor y fuerza, García de Paredes sin duda se concibe a sí mismo como un caballero de valor y fuerza notables. Es ese el modelo que quiere presentar a su hijo. Curiosamente es la misma imagen que nos transmiten las crónicas, como veremos en breve cuando presente el relato de su desafío con el señor de Formentor. De otro lado, la difusión del memorial, como ha señalado Cassol, no debía estar exenta de manipulaciones dirigidas no sólo a dar al texto una mejor armazón retórica sino también a cimentar la figura de un García de Paredes heroico destinado a ser modelo de soldado para los lectores de los siglos XVI y XVII.

El romano Julio César, notable como estratega militar y como clásico de la literatura, es una figura que no debe quedar de lado a la hora de reconstruir el ideal caballeresco de los españoles del siglo XVI. Veremos en su momento que don Alonso lo recuerda en los preliminares a su *Libro* y que declara que escribe imitándolo. Se cita los *Comentarios* de Julio César como lectura de García de Paredes; no porque él aluda a ellos en la *Suma* sino porque en el recuento de objetos hallados en la habitación en la que murió en Boloña aparece ese título (Pope 75). Así figura en el acta de registro de sus pertenencias al momento de su muerte. Muñoz de San Pedro, que describe este documento (15n), establece la misma relación entre Julio César y García de Paredes que Tamayo había fijado en el siglo XVII.

Desde entonces es un tópico siempre presente en la bibliografía sobre la *Suma*. Tomás Tamayo de Vargas escribió una biografía titulada *Diego García de Paredes y relación breve de su tiempo* (Madrid, 1621). En los preliminares declara haber tenido en sus manos el texto de la *Suma*:

> Esta tuve io de mano, i anda con la Historia del Gran Capitan, impressa en Alcala año de 1584. Escribiola a imitacion de Iulio Cesar, que en sus Commentarios refiere sus successos, aunque con menos ambición, i mas como soldado, que solo pretẽdia hacer relacion de sus cosas, no adornarlas, sin reparar en el cómputo de los tiempos, ni en la succession de los acaecimientos, porque fuera de anteponer los que erã ultimos, dexo muchos de no menor nombre. (sin numeración)

Pope recoge la información de manera más crítica:

> Paredes admiraba a Julio César, pero a diferencia de él no ha concretizado una imagen de sí mismo a través de las hazañas bélicas nacionales, sino que, desprendiéndose de la visión panorámica, se redujo a una situación en la cual su ser de caballero pudiera brillar en plenitud. Relegó a segundo término su actuación profesional, mercenaria, y los honores recibidos por ella, pues no le satisfacía la necesaria profesionalización del soldado que las condiciones políticas hacían necesaria en España. (33)

¿Qué sentido tiene la figura de Julio César para García de Paredes y otros soldados que escribieron sobre sus vidas? Siendo lo más probable que no lo hayan leído, su conocimiento debe ser de oídas y a manera de cultura general. No se les escapaba sin duda que Julio César era también soldado y escritor y, por tanto, no debía ser extraño que frente al romano hubiese un sentimiento de identificación. Ya hemos dicho que don Alonso se dirige al lector en el proemio de su *Libro* y anuncia que escribe imitando "al César Magno." Por supuesto, lo mismo que García de Paredes, no llega a crear un libro semejante a los *Comentarios*.

Los méritos de Julio César para los contemporáneos de García de Paredes y don Alonso tienen una doble lectura. De un lado, en un nivel individual aparece como un guerrero excepcional y, de otro, en un nivel colectivo, como un estratega comprometido con los destinos de Roma. García de Paredes es más bien un mercenario y sin duda hubiera peleado en otros ejércitos de haberse presentado la oportunidad. Él nos dice: "En el mismo año que llegué á Roma con gran necesidad, yo y mi hermano Alvaro de Paredes, en la cual ciudad no hallamos quien nos diese de comer . . ." (255).[43] Sabemos que pronto peleará en los ejércitos del Papa y que más tarde, después de protagonizar un duelo, pasará al otro bando. Sólo entonces logra alternar con el Gran Capitán y luchar del lado de la corona española.

De otro lado, podemos hacer un paralelo entre García de Paredes y los historiadores españoles coetáneos suyos que leen a sus homólogos de la Antigüedad buscando lecciones de estrategia bélica y pasan por alto el estudio de las instituciones que tanto interesaba a sus colegas italianos (Tate 47–48). García de Paredes habría hecho lo mismo. De los *Comentarios* tomó solamente los lances. Eran sobre todo los lances el atractivo principal de los libros de caballerías, aquellos que concentraban el suspenso de la historia y mantenían el interés de quien leía, como vemos en el enfrentamiento entre don Quijote y el vizcaíno (*Quijote* I.viii–ix). La impresión que estos lances producían en los lectores está brillantemente representada en esta misma novela, en un pasaje ya aludido (*Quijote* I.32), donde además Cervantes nos ofrece un cuadro muy vivo de la manera en que circulaba la *Suma* en los siglos XVI–XVII.[44]

Lo anterior nos remite a una actitud anacrónica de parte de García de Paredes, que podemos llamar medieval. Entiendo por ella que hay cierta fijación en la *Suma* por aquello que representa el valor individual de un caballero y un descuido por lo institucional. A García de Paredes le interesa más salir victorioso de una lid que la trascendencia de las campañas del rey de España. Se siente como un caballero y, como ya he dicho, en su actuación se repiten los gestos propios de los héroes de los libros de caballerías. García de Paredes no sólo se sentía caballero, era uno de ellos. Había sido armado por Carlos V "caballero de espuela dorada" (Tamayo 128v–134r) y es así como lo retratan muchas veces las crónicas. A manera de ilustración transcribo un largo pasaje de *Las dos conquistas del reino de Nápoles*.[45] La extensión de la cita se justifica porque en ella vemos a García de Paredes retratado como estupendo caballero, ricamente vestido y descrito como héroe novelesco:

> Y allegado el día del combate, Diego García de Paredes salió de Barleta con los jueces que de su parte habían de ser y con mucha gente que para ver el combate había salido, el cual para aquel día, por parecer y consejo de algunos amigos suyos, salió muy galán y muy bien devisado, con muchos penachos, así sobre su almete como en la cabeza y grupa de su caballo, tal que parecía que ponía envidia á los miradores por no ser cada uno de ellos el requeridor como lo era Diego García de Paredes. Y hechas las ceremonias acostumbradas, paseó el caballo, que español y muy bueno era, por el campo y con mucha destreza, dando contentamiento á todos los que lo miraban, y después de asosegado, se puso á una parte del campo, aguardando á monsiur de Formento, al cual aguardó todo el día solar, en el cual monsiur de Formento no salió ni osó salir ni parecer en todo el campo, queriendo anteponer la vida á la honra, la qual aquel día perdió para siempre; por causa de lo cual los jueces que por las partes eran nombrados, todos conformes sentenciaron y declararon á monsiur de Formento ser falso caballero, y así procedieron contra su honra y fama según que contra los tales, según orden de caballería, se acostumbra proceder. Y esto hecho, los jueces y caballeros que allí se hallaron, sacaron á Diego García de Paredes con muy gran honra del campo y tornáronse á Barleta, adonde el Gran Capitán había quedado, del cual fue con mucho placer y honra recibido. (Rodríguez Villa, *Crónicas* 129)

La cita anterior nos muestra el comportamiento de García de Paredes aún referido a las leyes de caballería tal y como las describe Valera en el siglo XV, por ejemplo.[46] Es pues muy acertada la invitación de Randolph Pope a ver en el caso de García de Paredes este desfase entre el mundo heroico que se desvanece y la necesidad de ser un soldado eficiente dentro de una guerra moderna. La imagen idealizada de García de Paredes que nos propone la crónica y la crudeza de los lances que nos ofrece él mismo de propia mano tienen en común que apuntan hacia un tipo de guerrero acostumbrado a destacar por su valor personal que se va extinguiendo conforme avanza el siglo XVI. Esto que se va perdiendo es lo que García de Paredes quiere dejar a su hijo como herencia. Es algo en lo que él aún cree, como se aprecia en el duelo contra el coronel Palomino al que ya hice referencia, y que todavía puede encontrar en los libros de caballerías.

En Diego García de Paredes hay una motivación central: la formación de su hijo como caballero. Esta preocupación estamental recuerda lo dicho por don Alonso en la sección preliminar de su *Libro*, donde restringe la lectoría de sus palabras a su propia casta, los caballeros como él. Al mencionar explícitamente a su hijo, García de Paredes hace también una restricción: hay un interlocutor único o, al menos, principal. Esta restricción de la lectoría es una característica de este memorial concebido para el ámbito familiar. Es por eso que por más que se refiera a acontecimientos importantes, de los que fue testigo y protagonista, siempre privilegia la acción individual y subraya el valor de su conducta por su ejemplaridad y no por la trascendencia de los hechos. Sorprende cómo este soldado extraordinario, reconocido y recompensado por reyes, emperadores y papas, decide empezar el relato de su vida con una aventura en apariencia menor, en la que se acuchilla con unos parientes durante la disputa por un caballo. La violencia con que se inicia el relato y que se mantiene a lo largo de él como una nota característica del accionar de García de Paredes no tiene mayor utilidad que la de señalar su honra y valor personal, resaltando al individuo que es; tanto que excluye de su autoglorificación el hecho de haberse consagrado públicamente como un soldado excepcional. Como don Alonso, García de Paredes ha sabido dar también con un hecho significativo que resume su vida y que coloca estratégicamente al inicio de su relato. Ambos comparten ese mérito: no son escritores profesionales pero han sabido recrearse en sus escritos de una manera tan convincente como atractiva.

Un episodio muy grotesco, violento y casi novelesco es el de Coria. García de Paredes, pretendiendo pasar de incógnito, es objeto de burla de dos rufianes y dos putas. Al final, los descalabra a todos, y sitiado por la justicia sale libre gracias a la intervención del obispo, "que era mi deudo" (258). García de Paredes narra este hecho con evidente placer, con ánimo de divertir, diría yo. Este terrible estallido de venganza no tendría razón de ser si no fuera por el placer de contarlo. Es el único episodio en el que el autor se aleja del propósito expreso de su relato —el de aleccionar a su hijo— y escribe desde fuera del programa establecido por él mismo, pero se comprende que debió ser irresistible retratarse a sí mismo casi como un personaje novelesco. Así, se distrae o se deja llevar por cierta voluntad narrativa, que no le permite dejar de lado un hecho que, aunque grotesco, puede ser entretenido. Esta tensión entre lo vulgar y la necesidad de establecer la honra personal está presente tanto en

García de Paredes como en don Alonso. De la misma manera, alimenta también las narraciones de otros soldados escritores, como Alonso de Contreras y Miguel de Castro.

* * *

La literatura devocional y las crónicas contemporáneas ayudaron a dar forma al *Memorial* de doña Leonor. Los episodios de fortaleza y valentía en García de Paredes reflejan una modalidad de recepción de la literatura caballeresca de parte de quien se acerca a este género quizá de oídas, quizá como lector. Para fines del siglo XVI, esos reflejos o influencias han tomado una forma definitiva. Diego Galán ha contado no una sino dos veces la historia de su cautiverio. Y en la segunda, en la reescritura, se ha dejado cautivar nuevamente, esta vez por la muy estilizada retórica literaria de la segunda mitad del siglo XVI español. Después de él no es raro encontrar autobiografías totalmente deudoras de la novela, como es el caso de Diego Duque de Estrada. Menos conocido y menos estudiado que Duque de Estrada, Diego Galán puede reclamar ya la preeminencia en la formación de la autobiografía novelada.

## Diego Galán (cautivo entre 1589 y 1600; muerto en 1648)

Son escasas las noticias sobre la vida de Diego Galán. Lo poco que se sabe es lo que él mismo ha escrito que, aunque rico en detalles sobre sus aventuras, es bastante parco en información sobre su persona. El hecho más importante de su vida fue la experiencia del cautiverio que hizo de él un escritor. Esta faceta de su personalidad está lejos de ser simple. A Galán no le bastó con narrar su vida, además quiso documentarse para dar solidez histórica a su relato y, de otro lado, intentó adornar su texto con los recursos retóricos de los libros de ficción más populares de su tiempo. Esto es lo que se desprende de una lectura de *Cautiverio y trabajos de Diego Galán, natural de Consuegra y vecino de Toledo, 1589 a 1600*, la historia del cautiverio de Galán entre turcos, su huida y regreso hasta la casa paterna. La edición la hizo en 1913 Serrano y Sanz para la Sociedad de Bibliófilos

Españoles sobre la base del manuscrito custodiado en la Biblioteca Pública de Toledo, una de las dos copias del siglo XVIII en que se conserva esta narración. Hasta el año 2000 todos los estudios sobre el texto se basan en esta edición.

Hasta no hace mucho se daba por sentado que no había mayor diferencia entre los dos manuscritos de la narración de Galán. El de San Lorenzo del Escorial, *Relación de el Cautiverio i libertad de Diego Galán de Escobar, Natural de la Villa de Consuegra y Veçino de la Çiudad de Toledo* (en adelante E), permaneció inédito hasta el año 2001. El de Toledo, *Cautiverio y trabajos de Diego Galán* (en adelante T),[47] aunque de redacción posterior se publicó antes (en 1913, como ya hemos anotado). No faltaron menciones a E, pero fue Matías Barchino el primero en hacer la *collatio textorum* que arrojaría conclusiones valiosas para los estudios literarios del siglo XVI. El manuscrito E representa un primer estado de redacción en el que Galán narra la experiencia de su cautiverio entre turcos y el proceso de su huida y regreso a la tierra natal. El relato es lineal, el lenguaje sencillo y los excursos inexistentes. Frente a él, el manuscrito T representa un segundo estado de redacción en el cual Galán elabora retóricamente el material de E con la atención puesta, de un lado, en deleitar al lector con préstamos de la literatura de ficción y, de otro, en educar al mismo con noticias sobre costumbres extrañas y ciudades distantes. Lo que motivó esta segunda redacción fue sin duda el proyecto, finalmente frustrado, de publicar el libro.

En las páginas que siguen intento demostrar que Galán, ante la perspectiva de publicar la narración de su experiencia vital, recurre a la literatura que él consideraba más prestigiosa, a saber, la poesía de Góngora, las novelas picarescas y de aventuras, las misceláneas e incluso los libros de historia. En su deseo de escribir el relato de su vida de la manera más atractiva para sus lectores, Galán recoge información de misceláneas y de libros históricos, así como imita el estilo de algunos libros de ficción. Sabe que para escribir un relato que se gane el aprecio del público no basta con ofrecer una buena historia sacada de la vida real, además hay que embellecer ese relato con las galas retóricas de la literatura.

* * *

*Cautiverio y trabajos de Diego Galán* (T) se lee no sólo como una narración autobiográfica, sino también como un libro de viajes. La narración transcurre con la frescura y la apertura hacia lo maravilloso que son propias de ese género.[48] Desde las primeras páginas, el autor introduce dos elementos que se repetirán a lo largo de su narración: una inclinación personal por ver cosas nuevas y extrañas y una conciencia piadosa que le hace ver en cada desgracia un castigo o prueba suministrados por la Providencia con el fin de fortalecer su fe. Estos elementos son importantes porque actúan como anuladores de cualquier sentimiento de desgracia o miseria. Aunque esclavizado y probablemente sujeto a tormento, en Diego Galán predomina siempre el asombro de quien se asoma a un mundo muy distinto del propio.

Las descripciones del tiempo tienen un sabor gongorino que nos dice del interés de Diego Galán por mostrar sus dotes literarias pero que, al mismo tiempo, hacen evidentes sus limitaciones (porque se repiten y se refieren casi siempre a lo mismo: la hora del día). Hace lo mismo en un episodio en el que el viajero hace un alto en el camino y se detiene "a contemplar su estado." Este momento de reflexión ha sido elaborado en distintos sonetos de esa época. Sin embargo, este recurrir a la literatura corresponde sólo a una dimensión estilística del texto, porque la verdad es que esta narración está escrita como si fuera un libro de viajes, género de gran aceptación ya en la Edad Media y de mucha mayor difusión después del desarrollo de la imprenta. Cuando Diego Galán justifica su escrito, nos hace saber que los vecinos que le oían narrar sus aventuras le pidieron que las pusiera por escrito. Es decir, lo que justifica la existencia del libro es la presencia de un público lector potencial. Para este público se escribe un relato extraordinario, casi fantástico, que sólo la presencia del yo del narrador es capaz de garantizar como verosímil.

No menos interesante en el caso de Diego Galán es el tránsito de una oralidad primaria en la que da cuenta constantemente de sus aventuras hacia un nivel de escritura que hoy, gracias a la crítica, sabemos que fue doble. Diego Galán escribió un relato lineal y desprovisto de adornos retóricos o literarios para más tarde preparar sobre esa base otro más "artístico" con planes, frustrados como hemos visto, de llevarlo a la imprenta.[49] Este fracaso resulta irónicamente al cabo de unos siglos beneficioso pues nos permite conocer dos estados de redacción que son testimonio inmejorable de la idea de literatura que a fines del siglo XVI tiene una persona que no ha recibido una educación esmerada. En su reescritura del texto, Galán cambia el título del manuscrito E (*Relación del cautiverio y libertad . . .*), de tipo oficialista y muy similar a muchos otros informes presentados a —o solicitados por— la autoridad, por el más literario de T (*Cautiverio y trabajos . . .*), de resonancias novelescas (de Bunes y Barchino 48).

En la reescritura muestra una postura meditada y declara sobre su libro:

> Cada vez que escribo estas cosas considero que han de merecer la pena de increíbles; esto se entiende en los que no han salido una legua de su patria, ni saben de mal ni de bien, siendo perpetuos censores de lo que no han visto, pero, con el consuelo de que no las dudarán los que han andado por el mundo viendo cada día mayores maravillas que las que escribo, me determino de dar cuenta de todo, sin ocultar cosa alguna por temor de momos y murmuradores. (T: I.xxix)

Al escribir sobre su abandono del hogar paterno, Galán sigue a Mateo Alemán, pues el hecho recuerda la salida de Sevilla del pícaro Guzmán. "Al igual que Alemán, Diego [Galán] incluye un cuentecillo tradicional en su redacción, que por los pelos más que 'a pelo' tiene que ver con lo que se narra y que prueba el carácter forzado de estas inserciones procedentes de otros textos" (de Bunes y Barchino 61). No es el único pasaje en que se inserta un cuentecillo. En I.xii aparece otro, igual de impertinente, ya que Galán se retrata a sí mismo rememorando esa historia mientras está colgado de una ventana. Otra inserción en el primer capítulo, esta sí pertinente, trata sobre la desgracia de un viejo que es alcanzado por los cañonazos de los turcos durante la incursión en la cual Galán es capturado. Galán se apoya en un cuentecillo —un viejo filósofo se lamenta de su miseria porque todo lo que tiene para comer es una lechuga y en eso observa a otro más pobre que se alimenta de las hojas que desecha[50] — para afirmar que su situación no es tan terrible; después de todo, conserva la vida. El cuentecillo es pertinente porque dada su brevedad no entorpece la lectura y, además, está de acuerdo con una generalizada actitud de optimismo que caracteriza a Galán a lo largo de toda su aventura.

Aunque consciente de la curiosidad del público por conocer todo aquello que ha podido ver, siempre hace lo posible por mantener la historia en los linderos de lo que le toca a él personalmente. Puede contar hechos grandiosos de los que fue testigo o entretener largamente trazando cuadros de costumbres y curiosidades, pero siempre vuelve a lo que es suyo, es decir, su propia aventura: "Estos y otros gobiernos [tenían los de Cartago], que si se hubieran de relatar fuera menester un libro aparte, y esto lo quiero dejar para otro ingenio más sutil que el mío, y volverme a mi historia" (I.viii). Lo mismo hizo don Alonso, con el agregado de que separa con nitidez su labor de la del "coronista," como veremos más adelante. Este "volverme a mi historia" nos da la clave autobiográfica de la narración de Galán. Aunque se informe en libros de historia y misceláneas y aunque tome prestados los estilemas de la poesía gongorina —pronto vendrán ejemplos— o de las novelas de su tiempo, lo cierto es que su historia es suya, le pertenece. Él es dueño de ella al menos en dos sentidos: es el protagonista y testigo de aquello que narra y, a la vez, es el que la escribe, una y otra vez, hasta dar con aquello que él sospecha fascinará al lector.

Frente a esta autoridad construida por él mismo, hay que considerar el polo opuesto de las sospechas de las cuales él es objeto. Me refiero a la natural desconfianza que despertaba entre las autoridades locales aquél que regresaba después de convivir con el enemigo y bajo la influencia de otra fe. Aunque Galán no hace alusión a esto —no podía hacerla— es claro que algunos paréntesis que abre en su narración están dirigidos a calmar estas sospechas. Su insistencia en afirmar que su impulso de ir a "ver mundo" es la razón de sus viajes, nos hace pensar en la presión que debía sentir frente a las autoridades locales que le exigían, suponemos, justificar tan larga ausencia en tierra de infieles, máxime siendo él tan joven durante su cautiverio. Nos dice: "todo se me olvidaba en viendo cosas nuevas, dando por bien pasadas tantas incomodidades, por la consecución de mis deseos y propia voluntad, causadora de tantos desaciertos, como la briosa juventud de un hombre mozo sin tener quien le reprenda sus demasías acarrea" (I.xxii).

No debe descartarse la posibilidad de que Galán haya querido, con su reiterada confesión de que era adicto a la aventura, explicar a las autoridades cómo fue que sobrevivió a tan largo cautiverio sin comprometer su fe. Motivos similares deben estar detrás de su saludo a Felipe IV y las pullas contra luteranos e infieles (I.xv). Esto tiene obviamente una conexión con su decisión de explicar sus desdichas como pruebas o castigos que la Providencia pone en su camino. Incluso las desgracias ajenas son interpretadas de esa manera. Cuando se produce la fuga frustrada y posterior castigo (castración) de su compañero de infortunios, Luis el de Granada, de inmediato Galán lo explica como una consecuencia de haber abrazado aquél la fe musulmana (I.viii). En I.xxi nos narra su entrada a una mezquita, donde las prácticas religiosas de los musulmanes le causan risa, nos dice. Agrega constantemente notas de desaprobación para dejar claro su desprecio por la otra religión. De la misma manera, cuando Pedro Mexía en la *Silva de varia lección* hablaba de Mahoma (I.xiii), aumentaba voces de condena para que no se pensara que la simpatía le animaba a ocuparse de esos temas.

Por momentos la narración cede al ensayo histórico o, al menos, a la voluntad de dar cuenta exacta de los hechos referidos, con lo que participa del mismo espíritu que anima a los autores de misceláneas, como veremos más adelante. Cuando menciona las guerras entre Enrique de Francia y Felipe III, añade: "Quien quisiere saber por extenso estas guerras y disensiones, vea al padre Mariana, que él le sacará de dudas en su *Historia general de España*, en la vida de Felipe Tercero, en cuyo tiempo se apaciguaron las guerras a los primeros días de su reinado" (II. xiii). Esta referencia a Mariana,[51] que aparece sólo en T, nos hace pensar en un Galán que estudia y prepara sus materiales antes de ponerse a redactar la segunda versión de su historia. Seguramente quería mantenerse bien informado del contexto histórico en el que se inscriben sus aventuras. Sin embargo, en su versión final las coordenadas históricas se diluyen, algunos datos se cambian para impresionar al lector y en general hay una inclinación hacia lo novelesco. Llamo novelescos los pasajes que recuerdan episodios de novelas, sean picarescas o de aventuras.

La preocupación por el lector es constante en nuestro autor. Para su deleite deben estar pensadas las descripciones "gongorinas" del amanecer y las inserciones de pasajes de novelas de la época. Parece que Galán tenía una especial predilección por la descripción elaborada al extremo de la posición del sol para indicar la hora del día. Veamos un ejemplo. Donde la primera redacción decía "una tarde," la redacción final se amplía así:

> al tiempo que el rojo pastor de Admeto, dilatando las sombras, apresurando su curso por la lúcida elíptica, deseando descansar en el marítimo albergue donde la hermosa Tetis con las ninfas y nereidas le prevenían lechos cristalinos en que cobrase nuevo aliento para hacer otra salida en el antártico polo. . . . (I.i)

Estos ornamentos literarios querría sin duda acompañarlos Galán con el peso de su propia historia y con la información dosificada en función del binomio educar y deleitar. En un pasaje nos dice: "En este cabo descansó mi amo medio día y yo hago lo propio por comenzar el capítulo siguiente, en que daré fin a esta navegación, si bien no con mejor estilo a lo menos con deseos de dar gusto al lector, haciéndolo sabedor de los nombres de islas y cabos que restan hasta Constantinopla" (I.viii). Este esfuerzo por entretener al lector y por asegurar su atención le permite narrar episodios bastante logrados. Por ejemplo, el relato de su fuga desde una galera estacionada en Negroponte hasta el convento de Ayomelete es una maravillosa narración llena de suspenso y capaz de mantener en vilo a cualquier lector (II.i–iii). Esta constante preocupación por el lector nos hace pensar en una narración que se destina a la lectura personal. Me imagino a Galán trabajando en una mesa rodeado de libros, unos de literatura de donde toma préstamos para embellecer su prosa, y otros de historia, a saber el padre Mariana, para ayudarse a recrear el fondo histórico de su propia trayectoria vital. Como los autores de misceláneas, sin duda Galán quería ofrecer a su lector en un libro lo que él había encontrado en muchos. Incluso trasciende el típico libro de misceláneas ya que agrega a la información recogida de libros la elaboración de la experiencia vivida. Estamos muy cerca del tránsito del ensayo a la novela que Asunción Rallo describe en su estudio sobre las misceláneas.

Y no olvidemos los también frecuentes comentarios metaliterarios. Estos cumplen una función. Pienso que para Galán se trata de determinar la relación que tiene con los lectores potenciales de su libro. Su relato se nos presenta como un diálogo entre el narrador-protagonista y el lector. Galán se retrata como un guía entretenido y efectivo para sus lectores. No es un autor distante, está más bien cercano a quienes siguen el relato de sus aventuras.

Galán habría previsto que sus lectores disfrutarían de las descripciones de las diversas ciudades que conoció y de las personas y costumbres que le tocó experimentar. Las herramientas necesarias para la narración descriptiva no debían ser ajenas a nuestro autor. Aunque terminada a edad temprana, su educación pudo haberle dado los rudimentos retóricos necesarios para semejante tarea. En su tratado sobre los viajes, Francisco López Estrada nos recuerda:

> Desde sus orígenes, los tratadistas de la retórica . . . se han ocupado en tratar cómo se describen lugares, personas y cosas. Este fondo resulta accesible a los viajeros de cultura clerical o universitaria; el trivio (gramática, dialéctica y retórica) pudo proveerlos de medios para contar su experiencia viajera. (16)

Galán no ofrece ningún detalle sobre su formación. Apenas nos dice que su aventura la inició a los 14–15 años. Al abrir su narración nos advierte: "hallándome corto de ingenio para empeño igual [componer un libro sobre su cautiverio] por haber consumido el tiempo de mi juventud en poder de infieles de diferentes lenguas y costumbres . . ." (I.i). Y sin embargo Galán es un buen narrador, que dosifica con habilidad partes de narración y descripción de modo que no cansa al lector. La primera redacción de sus aventuras se puede fácilmente comparar con la *Vida* de Alonso de Contreras, por el atractivo de una narración desprovista de adornos retóricos. Galán no habrá recibido una educación completa o esmerada, pero a juzgar por su uso de algunos recursos retóricos algo retuvo de su etapa escolar. Sólo más tarde, en la segunda redacción, sus excesos retóricos desmerecen la calidad de su relato; pero aún éstos demuestran su preocupación por trasladar el andamiaje retórico de la literatura de su tiempo a su propia narración.

Desde el punto de vista de la retórica, el principal recurso del que echa mano Galán para reescribir su libro es la *amplificatio*. Son muchos los ejemplos que se pueden aducir, pero uno solo mostrará, en su extremismo, la distancia que va de E a T. Donde el primer manuscrito dice "Constantinopla," el segundo añade: "ciudad que, aunque enemiga, es digna de alabanzas y primacía, así por lo hermoso de su sitio y agradable de su fábrica, como por estar en mitad del orbe y por tener el mejor cielo y clima del mundo, como más largamente lo escriben los astrólogos, ciencia que, aunque algunos la niegan, verdaderamente lo es, y una de las más dificultosas" (II.xviii). Los nombres de ciudades son por cierto oportunidades inmejorables para ejercitar la *amplificatio*. Como antes en Constantinopla, su llegada a Mesina (II.xx) le ofrece también la opción de ampliar. Donde E dice: "el puerto de Mesina, que fue la primer [ciudad] que pisé del Rey nuestro señor," T desarrolla: "el puerto de Mesina, que fue la primer ciudad que pisé del Rey nuestro señor, que sus vencedores leones han surcado golfos y, por no caber en este medio mundo, han conquistado la otra mitad de él, conviene a saber, toda la América, gracias a aquellos dos tan valerosos capitanes Cortés y Pizarro que, con tan poco número de gente, conquistaron las más populosas, fértiles y ricas provincias del orbe." Además, esta última celebración de los conquistadores se repite más adelante (II.xxvi), lo que nos hace pensar que se trata de información que él recogió con la intención de "adornar" su relato y que usó sin cuestionar críticamente su inserción.

La atención recibida por los libros de viajes nos permite contar con un repertorio de rasgos distintivos de ese género y recursos retóricos que le son propios.[52] Sin ser propiamente un libro de viajes, *Cautiverio y trabajos* participa sin duda del género y comparte muchas de sus características. Los recursos retóricos del *laudes urbium* o *descriptio urbium*, que "aporta un esquema válido para el panegírico de las ciudades," y de la *evidentia*, "para comunicar al lector una experiencia con la mayor intensidad literaria posible" son comunes a los libros de viajes y se encuentran bien desarrollados en el relato de Galán.[53] Otros recursos propios de los libros de viajes que podemos encontrar también en la narración de Galán son la prolepsis o anuncio de lo que se contará más tarde, las noticias contadas e incorporadas al texto y la inclusión de leyendas (Beltrán 127). Galán ofrece también notables ejemplos de *mirabilia* o casos maravillosos (Beltrán 135 y ss).

La reescritura del libro resulta en la práctica una multiplicación, por lo general aberrante, de los recursos retóricos. Son pocos pero se repiten una y otra vez. Además son simples; ni revelan mucho esfuerzo o ingenio de su parte, ni exigen mucho del lector. Es notable cómo el mismo Galán desvirtúa su propia narración al sobrecargarla en extremo con un cascarón retórico. Si tuviera que escoger un único ejemplo en que los excesos de la pluma del autor anulan la posibilidad de compenetrarse con la lectura sería el siguiente. En un momento de gran tensión, cuando ha sido nuevamente capturado, y dos turcos discuten sobre el castigo que van a darle, el narrador agrega esta serie retórica, que atenta contra la efectividad misma del relato. Cuenta Galán: "el que me había comenzado a ayudar, le dijo con desgarro español, con ademán francés, con valor romano, con ligereza italiana, con porfía de aragonés, con sutileza inglesa, con flamenca cortesía, con veneciana prudencia, con sufrimiento tudesco, con genovesa industria, con pensamiento alemán, con hidalguía troyana y con castellana firmeza . . ." (T: II.vii). El hilo de la acción, que funciona bastante bien en E (cap. 37), se ha roto y el sentido se ha hecho vago. Es lícito preguntarse si este tipo de literatura fue alguna vez grato al lector. Aunque nos cueste creerlo ahora, probablemente fue así, como se desprende de las parodias retóricas que abundan en el *Quijote*. El prestigio de la retórica de la lengua impresa es muy grande y debió pesar mucho sobre las elecciones estilísticas de un escritor bisoño como Galán.

Las inserciones, así como pueden ser inoportunas, de otro lado ponen de manifiesto la incapacidad del autor para construir una narración propiamente literaria, donde el relato aproveche las posibilidades de tensión dramática y suspenso de los hechos narrados. Un buen ejemplo de ello es la aventura sentimental que protagonizan Galán y Paraschi, la hija del hombre griego que le ofreció su hospitalidad durante la huida (II.ix). En la versión de E (cap. 38), el narrador pasa muy rápidamente por este episodio, indicando apenas que entablar una relación sentimental no conviene a sus intereses. En la versión de T, sin embargo, el episodio se transforma íntegramente. Ocupa más espacio y Galán se permite transcribir pasajes de una novela de tema amoroso de Gonzalo de Céspedes y Meneses (1584 o1586–1638) (Barchino 42). Aún cuando no se reconociese ese préstamo, lo novelesco resulta evidente tanto por los diálogos que suceden como por el vocabulario usado por ambos personajes. En el capítulo siguiente, Galán deja la casa donde se le ha acogido y la tristeza de Paraschi es bastante notoria. Frente a las preguntas de su padre, ella decide no revelar el nombre del objeto de su amor. Galán no es capaz de valorar este gesto y menos aun de explotar para beneficio de su libro el drama humano del que es partícipe.[54] Al tiempo que muestra su conocimiento de las novelas populares del momento, hace notar su escasa comprensión de las posibilidades psicológicas características del género novelístico.

Este tipo de novela no es el único género literario presente en la narración; la novela bizantina también está presente. Doblemente. La odisea narrada por Galán, su escape desde el cautiverio en Turquía hasta su llegada a la casa paterna, merece tal nombre. De otro lado, y aun dentro del tema de las inserciones, debemos recordar la historia de Pablo, compañero de infortunios, que se extiende a lo largo de tres capítulos (II.xii–xiv). Pablo cuenta "los sucesos de su vida" que no son otra cosa que una novela bizantina en escala pequeña por los continuos cambios de fortuna que ocurren. Es tan consistente su narración que parece que estamos frente a una novela intercalada que interrumpe el relato de Galán (y recíprocamente el relato de Pablo es interrumpido por el curso de la acción, sobre todo en II.xiii). La historia intercalada como fórmula narrativa la habría aprendido no en la novela bizantina directamente sino en novelas españolas que hacían uso del procedimiento, como el *Guzmán de Alfarache*, por ejemplo, de donde además toma préstamos en varias ocasiones (ver Levisi, "Las aventuras").

Otro pasaje propio de una novela bizantina ocurre en II.xv, camino a Candia, otra etapa de su huida, cuando Galán se encuentra con el amigo junto con quien había sido capturado en el inicio mismo de sus aventuras, Felipe. El episodio todo es un añadido de T por lo que no sería raro que fuera inventado —estoy suponiendo que de ser cierto no lo hubiera dejado de lado en E— para aprovechar el efecto que produce la anagnórisis literaria. Estos reencuentros no se presentan como meros recursos retóricos de los que hace uso Galán; están en realidad bastante bien compenetrados con el resto de la historia y además contribuyen a darle a la narración ese tono general de optimismo y bonhomía que se respira desde las primeras páginas. Al respecto nos dicen de Bunes y Barchino:

> Diego Galán acaba su relato como si el enorme Mediterráneo fuera un pequeño pañuelo en el cual se dan cita la mayor parte de los personajes conocidos en sus primeros años de privación de libertad, como en una novela o folletín bizantino, tan en boga en los años en los que escribe las dos versiones de su vida, con independencia de que lo que cuenta es verídico y real. Once años vagando y bogando por la frontera que se convierten en los últimos capítulos de su relato en un lugar de encuentros y de alegrías al ver libres a sus compañeros de penalidades en los Castillos que defienden Sicilia o el sur de Italia, lo que recuerda el final de las obras que se representan en un corral de comedias. (13)

Junto a la influencia de géneros propiamente literarios está también la influencia de otros géneros ajenos al mundo de la ficción pero muy elevados en la estima del público lector de la época y, por tanto, modelos útiles para nuestro autor. Uno de ellos, ya lo he dicho, es la miscelánea. Al éxito de este género podemos atribuir las constantes descripciones de reinos, ciudades, batallas, templos y costumbres que aparecen en *Cautiverio y trabajos*, junto a temas más bien menores pero que sin duda conectarían rápidamente con los lectores, como la descripción de la pesca de las anchovetas en II.xxi. En II.xxiii encontramos la sección "Origen de la santa imagen de Trápana y milagros obrados de su poderosa mano" que en el título y el contenido nos sitúa en el mundo de las misceláneas. En general, la segunda parte del libro, más que la primera, ofrece noticias y curiosidades para el lector, con lo que se confirma la sentencia de Bataillon: en el siglo XVI todo libro corría el riesgo de convertirse en miscelánea. Ocurre lo mismo más adelante cuando refiere su visita a Valencia: "Y ya que he tocado en esta populosa ciudad, aunque de paso, he de resumir en un breve período su origen, antigüedad y grandezas, si bien mi pluma es pequeño neblí de tan superior garza" (II.xxx), y a continuación agrega una línea que nos da una pista de su labor de escritorio: "Digo, pues, con Plinio y otros . . ." (II.xxx).

Encontramos otras inserciones en la narración de Galán que son de un tipo distinto ya que no están motivadas por su voluntad de adornar retórica o literariamente el relato. Me refiero a sus observaciones de la realidad: la más cercana, no la de reinos distantes que, después de todo, se nos presenta como cuadro de costumbres. A su llegada a Candia, busca a la persona que lo iba a favorecer y como ésta no se encuentra le hacen esperar en la calle. Indignado, comenta: "conque conocí que a nadie se estima en el siglo presente si no es por el vestido, absurdo grande, pues el día de hoy casi todos los nobles y bien nacidos carecen de bienes de fortuna y hacienda por tenerla usurpada extranjeros y advenedizos, causa porque los naturales anden mendigando y sirviendo a quienes podían mandar" (II.xvi). Estas reflexiones apuntan a la maduración del personaje. Esta comprensión del mundo en que se vive nos hace ver, conforme el relato avanza, a un Galán más maduro y ya no al ingenuo aventurero que conocimos en las primeras páginas.

Finalmente, cierro esta sección dedicada a Galán volviendo al tema de la oralidad que insinué al principio. Había dicho que el acto de narrar oralmente su historia a amigos y vecinos fue, según declara el propio autor, el motor que puso en marcha las dos redacciones del libro. Quiero apuntalar esto señalando una aventura en particular. Hay un episodio que parece marcado por las tradiciones literarias orales. En una ocasión en la que es capturado, logra librarse al confundir a su captor con sus respuestas. Las preguntas que hace su captor son respondidas con una mezcla de ingenuidad y confianza que sacan de quicio al turco que lo ha capturado. Percibo cierta influencia literaria, de la literatura oral, en este intercambio (II.vi), en el que vemos a Galán como si fuera protagonista de un cuentecillo. Lo más del episodio pertenece a E, lo que me permite postular esta hipótesis: en E Galán escribe bajo el influjo de la oralidad; en T es vencido por el peso y el prestigio de la literatura impresa. Aunque inoportuna en casi todos los casos, la retórica literaria significa para Galán el pasaje a la gloria libresca.

La misma confianza en la escritura motivará a Enríquez de Guzmán a buscar entre los libros de sus contemporáneos los modelos según los cuales organizar el relato de su vida. Mi segundo capítulo está dedicado a investigar su relación con la literatura y los libros.

Capítulo dos

# La cultura literaria de Alonso Enríquez de Guzmán

En el estudio preliminar a su edición crítica del *Libro*, Hayward Keniston ofrece unas breves pero interesantes páginas dedicadas a la cultura literaria de don Alonso. En ellas nos enteramos de quiénes son los autores de muchos pasajes prestados cuya fuente don Alonso olvida u omite mencionar. El valor principal de esta información que nos ofrece Keniston radica en su carácter de muestrario de las lecturas de un hombre medianamente ilustrado de la primera mitad del siglo XVI. Bartolomé Bennassar, que basa sus conclusiones en estudios sobre la educación de funcionarios de la corona así como en la circulación de libros, sostiene que las letras eran un medio seguro de ascenso social, particularmente durante el reinado de Felipe II (284). Al ser ésta una tendencia iniciada con los Reyes Católicos, no es raro que cortesanos de escasos recursos como Antonio de Guevara o don Alonso cifraran sus esperanzas en las letras. Dando cifras sobre la cultura escrita en los siglos XVI y XVII, Bennassar nos recuerda que "los hombres de la nobleza sabían leer y escribir en una proporción del 90 al 95 por cien" (285).

En una ciudad portuaria como Sevilla, tan desarrollada y comercialmente activa, el acceso a la cultura sería más universal (285 y 287). Aunque pobre, don Alonso debió recibir la educación que correspondía a su estamento. De hecho se muestra agradecido a su maestro en dos ocasiones en su *Libro*, como veremos. Por las evidencias presentes en su obra, sabemos que don Alonso gustaba de la literatura, sea en forma escrita u oral. En efecto, una lectura atenta del *Libro* nos permite ir reconociendo *sententiae* tomadas de Antonio de Guevara o versos de Juan Boscán o Torres Naharro, citados o, lo que es más interesante, adaptados a su discurso. Luego, más allá del despliegue de estos préstamos, me gustaría detenerme en un nivel de influencia que trasciende la cita y se traduce en la disposición formal del texto. Una de las características más llamativas del libro de don Alonso es la ingente cantidad de cartas que él se preocupa de transcribir una y otra vez. Es de resaltar también la variedad de temas que a lo largo de todo el libro con orgullo ofrece a sus lectores. Es la consabida receta del *docere et delectare* que justifica todo proyecto libresco pero también la certeza de que el resultado final, signado por la variedad, gozará del favor de sus potenciales lectores.

## Las letras de don Alonso

Don Alonso fue criado, nos dice Keniston, por el arzobispo Diego de Deza, a quien recuerda con admiración y agradecimiento (101a, 234b y 261a). Fray Diego de Deza (1444–1523) era "el arzobispo de Sevilla que había dirigido la escuela que Isabel la Católica estableció para la educación del príncipe don Juan y que después fundó el Colegio de Santo Tomás de Aquino en Sevilla" (Keniston viii). No debe sorprendernos, entonces, que don Alonso demuestre tener conocimientos básicos de latín, sobre todo de la Vulgata. Además, si no los ha leído, por lo menos "ha oído hablar de algunos escritores clásicos." Aristóteles, Platón, Horacio, Julio César "son nombres nada más," puesto que sus citas suelen ser vagas o inexactas, como que provienen de segunda mano (Keniston xlvii). Su conocimiento de la literatura española no es muy distinto, siempre según el diagnóstico de Keniston: cita el archiconocido relato del villano del Danubio del *Libro áureo de Marco Aurelio* de fray Antonio de Guevara;[1] presenta dos pasajes de *La Celestina* (aunque uno corresponde a un refrán); menciona la *Silva de varia lección* de Pedro Mexía cuando se la recomienda como lectura al príncipe Felipe (274ab), y aunque no da muestras de haberla leído sino fragmentariamente, quizá fuera ésa la manera en que se leía la *Silva*.

En general, el diagnóstico de Keniston sobre la cultura de Enríquez de Guzmán es poco favorable porque se limita a los autores clásicos. Además, no distingue las menciones de autores debidas a don Alonso de aquéllas que hacen sus corresponsales y que él únicamente transcribe. Un breve repaso del índice onomástico de la edición de Keniston nos muestra que las menciones de clásicos por don Alonso son escasas y que la mayoría de ellas vienen más bien en la carta escrita por el licenciado Monardes (que comentaremos en el tercer capítulo), donde se elogia la práctica del género autobiográfico. En menor medida, el mesonero de Zafra hace referencia a autores clásicos. Si dejamos de lado este índice onomástico, ya inmersos en el *Libro*, veremos que las menciones que hace don Alonso de los autores de la Antigüedad, como Platón (248a), o prestigiados por la tradición, como Boccaccio (264b), son vagas y demuestran que sabía poco de ellos, y más de oídas que a través de una lectura directa. Sólo las menciones de autores hechas por Monardes y el mesonero de Zafra tienen sentido y son consistentes con el contexto. De las pocas de don Alonso, la de Avicena (111b) es la única que resulta pertinente.

Mucho mejor es la relación que tiene don Alonso con los autores que le son más cercanos en el tiempo, a quienes cita con mejor conocimiento y además copia y trastoca con mucha confianza. La verdad es que don Alonso es lector, aunque irregular y superficial tal vez. No de los clásicos sino de sus contemporáneos (Torres Naharro, Boscán, Guevara, Mexía y de mucha poesía que probablemente leyó en cancioneros). Además, es mucha la poesía tradicional, de difusión oral, que constantemente recuerda e injerta en su propio discurso.

Sabemos muy poco de la relación entre Deza y don Alonso, no por falta de información sobre el primero sino por la escasa trascendencia de la vida y obra del segundo. Deza fue fraile dominico y profesor de teología en Salamanca. Llegó a hacer una carrera notable al lado de los Reyes Católicos. Fue escogido capellán y preceptor del príncipe don Juan, hijo de Fernando e Isabel y, después de la muerte del delfín, continuó su relación con la familia regia, como confesor y eterno consejero del rey. Es célebre, aunque suele estar teñida de leyenda, su amistad y defensa ferviente de los proyectos de Cristóbal Colón.[2] Ocupó diversas dignidades eclesiásticas. Fue inquisidor general de 1499 a 1506 y tuvo una actuación bastante significativa mientras estuvo a cargo del arzobispado de Sevilla ya que desde él promovió la paz entre los nobles andaluces, siempre dentro del marco de los intereses de los Reyes Católicos, y realizó su más caro anhelo: fundar un colegio mayor dedicado a la memoria de santo Tomás de Aquino.

En Sevilla debió conocerlo don Alonso. Probablemente don Alonso fue uno de los jóvenes nobles que se educaron en el Colegio Mayor de Santo Tomás de Aquino de Sevilla. No consta documentación y las referencias que él mismo nos ofrece de Deza son por desgracia vagas y no permiten precisar el tipo de relación que hubo entre ellos. Con todo, no es descabellado pensar que don Alonso fuera uno de esos hijos de familia noble que se educó en este colegio, cuyas aulas estaban abiertas a "clérigos y seglares" (Hernández 520), y que haya recibido desde temprano un estímulo por conocer el Nuevo Mundo. El arzobispo de Sevilla tenía ingerencia sobre las nuevas sedes de la Iglesia que se establecían en América y es tentador pensar que don Alonso hizo uso de su relación con Deza o el colegio para obtener recomendaciones antes de embarcarse a América. El tono agradecido con que se refiere a Deza así nos lo hace pensar.

La familia pudo ser también un nexo entre don Alonso y Deza pues este último tuvo trato constante con la casa de Medina Sidonia, en particular con don Juan de Guzmán, quinto conde de Niebla y tercer duque de Medina Sidonia, que "tuvo familiar trato con el Arzobispo de Sevilla . . ." (Cotarelo 176). Keniston ha trazado un breve árbol genealógico donde se ve la relación entre la familia de don Alonso y los Medina Sidonia (vii). El mismo don Alonso ha reclamado su parentesco con los duques (213a–215a y 260b–261b). En fin, esto es sólo conjetura, pero no deja de ser probable que en 1534, cuando don Alonso se embarca para cruzar el océano, estuviera fresca la memoria de este fraile tan comprometido con la empresa colonial.

## Un lector de Torres Naharro

Don Alonso demuestra con toda claridad haber leído a Bartolomé de Torres Naharro, de cuya *Propalladia* toma más de un préstamo. Dos, para ser más precisos. El primero está en una carta (138a–140b) de hacia abril de 1535 en la que copia, aunque no literalmente, la Dedicatoria de la *Propalladia* (3–6). El segundo lo constituyen los versos que don Alonso transcribe en su *Libro* (142ab) hacia mayo de 1535 y que pertenecen al Capítulo Primero de Torres Naharro (33–34). "La transcripción del texto es tan exacta," comenta Keniston (xlvii), "que debió copiarla de alguna edición que había llevado al Perú." La conjetura de Joseph E. Gillet ("Torres Naharro II" 204) y de Keniston (xlvii) de que don Alonso habría llevado consigo un ejemplar de la *Propalladia* en su viaje a América se ve reforzada no sólo por el hecho de que fue un gran éxito de ventas sino además porque varias de sus ediciones se hicieron en Sevilla. De las primeras diez ediciones registradas por Gillet entre 1517 y 1573, cuatro vieron la luz en esa ciudad, en 1520, 1526, 1533 y 1545 (Gillet, "Torres Naharro" 439–40).

Gillet ha sido el primero en señalar la deuda de don Alonso con Torres Naharro ("Torres Naharro II" 204–05).[3] Ni Clements R. Markham (1862) en su traducción parcial del *Libro* ni el marqués de la Fuensanta del Valle en su edición para la *Colección de documentos inéditos para la historia de España* (1886) advierten del uso que hace don Alonso del muy conocido libro de Torres Naharro.[4] Para Gillet el propósito de don Alonso no es otro que fingirse autor del material ajeno. Acepto que el término plagio describe lo hecho por don Alonso pero sostengo que no alcanza para explicar las alteraciones y añadidos con los que nuestro autor acostumbra transcribir sus fuentes. Veamos estos préstamos y preguntémonos qué sentido tiene la elaboración que sobre ellos hace don Alonso.

El primero procede de la dedicatoria de la *Propalladia* que Torres Naharro dirige a Fernando Francisco de Ávalos, marqués de Pescara (1490–1525), e involucra el primer párrafo y parte del segundo. Transcribo de esa dedicatoria la parte que aquí me interesa comentar:

> Parte la peregrina nao de los abrigados puertos de la occidental Hespaña, Illustrísimo Señor, y contra el solar occaso enderesça la desfrenada proa, encomendando el freno de su regimiento a la fidelíssima popa, y con hinchadas velas del próspero viento, arando las inquietas ondas con el húmil vientre, y por maravilloso auiso de la Indiana piedra y singular industria de la marinera carta, no sin el alto consejo de los ethéreos planetas, se pone en la confusa y marítima vía, siguiendo quanto ella puede la virtuosa voluntad del su patrón, deseoso de dar a sus ojos nueua noticia de estraños pueblos, y de ennoblecer su ingenio, estimando más valer por más saber.
>
> Como verdad sea que todos los hombres naturalmente dessean saber, yo pues, como hijo obediente a la Maestra

> Natura, aunque con harto peligro, salí fuera del seguro puerto del silentio con la pobre nauezilla de mi torpe ingenio, aventurándola en el golfo de mi inocentia, poniéndola al peligro de las carniceras e inquietas lenguas, peores que pésimas ondas, todavía con el húmil desseo de aprender, y arando de fatiga en fatiga con la desfrenada voluntad, y finalmente con llenas velas del próspero favor de V. S., y con ánimo deliberado de salir a descobrir tierra y dar nuevo pasto a los golosos ojos. (3)

Veamos ahora el uso que hace de estas líneas don Alonso, que no las transcribe simplemente sino que las adapta a su circunstancia personal modificando algunas frases e incluyendo otras. La carta en cuestión la firma nuestro autor en el Perú y la dirige a un grupo de personas en el que destaca Pedro Enríquez de Ribera, futuro marqués de Tarifa. En ella ofrece noticias de un país que lo sorprende por la novedad de su geografía y su abundancia de riquezas. Transcribo sólo la parte que debe a Torres Naharro (aunque más adelante volveré a esta misma carta[5]):

> Partí en la peregrina nao de los abrigados puertos de la occidental Sevilla y su vezina Sant Lúcar, muy magnífico señor, y contra el solar ocaso endereçé la desenfrenada proa, encomendando el freno de su regimiento a la fidelísima popa, do viene el governario de su enderezada derrota e de mi determinada vía, con hinchadas velas e próspero viento que de mi cabeça sallía, ansí por el enojo quel señor conde don Fernando me causó e procuró con el ayuda de mis vezinos e sus consortes como por mi acostumbrada condiçión, —a lo menos segund él y ellos dizen,— colando las ynquietas hondas con el humillde vientre de la dicha nao e por el maravilloso aviso de la yndiana piedra ymán, que es la que muestra por dónde se an de navegar, y por la syngular yndustria de la marinera carta, no sin el consejo eterio de los planetas, se pone en la confusa y marítima vía, siguiendo quanto ella puede [l]a virtuosa voluntad de su patrón, deseoso de dar a mis ojos nueva noticia de estraños pueblos y olvidar los tormentos dese apasionado dragón con sus dragonzillos, hasta en tanto que Dios o el Rey o el tiempo los amanse o a mí endraguezca para que no me tengan ventaja; y de ennobleçer mi yngenio, estimando más valer por más saber con la espiriençia de estas nuevas parctidas, repartidas en diversas vías.
>
> Como verdad sea que todos los hombres naturalmente desean saber, e yo, pues, como hijo ovediente a la yngrata

> natura, aunque con harto peligro, salí fuera del seguro puerto de la çiudad de Sevilla, mi propia naturaleza, con la sobre dicha nave, aventurándome, ymponiéndome al peligro de la mar e ynquietas carniçeras le[n]guas que allá quedan, que som peores que pésymas hondas; a las quales para el regimiento de comvatirme, no les faltava capitán general en vida del dragón Fernando conde, el qual á sido causa de mis travajos. (138 ab)

Antes de comentar este texto será necesario informar sobre las pendencias de don Alonso puesto que ellas llenan muchas páginas de su *Libro*. Uno de los pocos retratos de don Alonso trazado por algún contemporáneo es el que se conserva en las *Epístolas familiares*. En él, Guevara escribe:

> Alonso Enrríquez, Alvargómez, Salaya, Valderrábano y Figueroa, los cuales son pequeños de cuerpos, aunque no de ánimos, siempre que los veo andar por esta Corte me paresce que están orgullosos, briosos, turbados y enojados, y de esto no me maravillo, porque las chimeneas pequeñas siempre son algo humosas. (*Epístolas* I.10)

Los hechos, incluso los que conocemos gracias al mismo don Alonso, muestran que no hay exageración en la caracterización del obispo de Mondoñedo. Efectivamente, la vida de don Alonso está atravesada de rencillas que complican su vida, a veces seriamente. La primera vez que está a punto de recibir el ansiado hábito de la Orden de Santiago lo echa todo a perder por tomar parte en un duelo (15b–16a); sus enfrentamientos contra los Tello (36b–39b) y el asistente de Sevilla, el conde Hernando de Andrada, lo fuerzan a pasar a América (106b–107a); una vez en el Perú se hace enemigo irreconciliable de Hernando Pizarro (entre otros pasajes, 155b–157b); finalmente, la última noticia suya que se conserva es una carta (Apéndice de la edición de Keniston, 336b) en la que un cortesano transcribe para otro la carta de desafío con que don Alonso reta a otro personaje de la corte. Si hay un motivo que atraviesa todo el *Libro* es precisamente su constante enfrentarse contra quienes han mancillado su honra.

El mismo don Alonso, que protesta cuando se le llama "loco," reconoce en varias ocasiones que su condición es airada y que él es, según él acostumbra describirse a sí mismo, "bulliçioso."

Temprano en su relato, cuando fracasa en Barcelona en su pretensión de un lugar en la corte, nos dice que estaba "tan enojado de mi malandança que siempre me apartaba de gentes" (11a). El asistente de Sevilla intenta frustrar su partida a América informando al rey que don Alonso es "reboltoso," a lo que él replica "aunque de mi condiçión soy regozijado y bulliçioso y no reboltoso" (129ab). Ya en el Perú comenta una carta del Emperador según la cual este "sospechava de mi bulliçiosa condición y malas señales, que pornía en desasosiego la dicha tierra" (204a). En una carta a Pedro Mexía no acepta que en Sevilla reprendan su "bulliçiosa condición, llamándola locura" (301b). Cuando le faltan ocasiones para reñir, las busca él mismo, como cuando desafía al corsario Barbarroja a duelo (34a–35a). Volveremos más adelante a sus pendencias sevillanas y a su batalla legal con Hernando Pizarro. Si en Torres Naharro el viaje es una metáfora de la aventura intelectual, los motivos que impulsan la salida de don Alonso son más mundanos: su "enojo" y su "condición [airada]" motivan su alejamiento de Sevilla.

Volvamos a la dedicatoria de la *Propalladia*. Para don Alonso la oportunidad que le ofrece su fuente es doble. De un lado, al igual que Torres Naharro, él también da comienzo a una aventura libresca y, de otro, para él el viaje tiene tanto ese valor metafórico de aventura libresca como el de aventura real: pasar al Nuevo Mundo, nada menos. Llamo "libresca" a su aventura porque, como veremos en detalle más adelante, es el paso a América lo que confirma en don Alonso tres certezas. La primera, la necesidad de escribir con más frecuencia para mantener el contacto con los cortesanos; la segunda, la idea de reunir lo escrito; y, la tercera, el proyecto de componer o compilar un libro que lo sobreviva (como se desprende de 293b). En cierto sentido el viaje completa un proyecto vital. De hecho, en 1537 hace esta reflexión encontrándose en el Perú:

> En el mundo ay cuatro mares y sin podellos contar, segund son muchos males, y todas y todos las é nabegado y pasado. Y aunquel mundo no lo é andado todo, quédame el día de oy poco por beer dél, que son último del postrero mes del año de mill y quinientos y treynta y siete. Començé a andallo desde el año de mill y quinientos y diez y ocho, como ya en este libro abréys visto. (162b)

Torres Naharro presenta su libro al marqués de Pescara y para ello utiliza la metáfora del barco que zarpa hacia la mar. Es en este salir al mar que don Alonso concentra su atención porque es precisamente eso lo que él hace. La metáfora de Torres Naharro es para él realidad palpable. Los peligros que normalmente se asocian con la travesía marítima, que Torres Naharro transforma en metáfora en el contexto de su acto de publicar un libro, pierden ese carácter metafórico para convertirse en don Alonso en amenaza real. Sin embargo, la transmutación que opera don Alonso sobre la dedicatoria de Torres Naharro no se detiene ahí; los términos se hacen metáfora nuevamente para pasar a significar la acción de sus enemigos en Sevilla, en especial la de Hernando (o Fernando) Andrada, asistente de Sevilla. Es en este dar cuenta de un hecho real, a saber su viaje a América (hecho que se verifica en la realidad al mismo tiempo que se narra, o al menos es ésa la ilusión que don Alonso logra crear), con una narración cuya comprensión supone dos niveles de sentido (el primero, la modificación del texto de la dedicatoria de la *Propalladia*; el segundo, la representación metafórica de sus enemigos sevillanos), que podemos comprobar que en don Alonso viaje real y discurso literario coinciden. Lo que crea don Alonso en pasajes como este es un ejercicio de desmetaforización y metaforización de un texto conocido que debía ser muy del gusto de sus corresponsales.

El cambio más significativo, visible desde la primera palabra del texto, es el tránsito de la tercera a la primera persona gramatical (parte/partí). La importancia del sujeto a quien le ocurren y quien narra los hechos es lo primero que se subraya. Estilísticamente hay un movimiento pendular entre el estilo elevado del original de Torres Naharro que, indesligable de las palabras transcritas, acompaña inevitablemente su texto, y un estilo más crudo o realista con que don Alonso hace referencia a lo difícil de su situación al mismo tiempo que señala a los responsables de su forzada salida de Sevilla. Los aportes estilísticos de don Alonso no son muchos pero son por lo general un buen índice de su interés por lucir su escasa cultura libresca. Como en otros pasajes de su *Libro*, recurre a efectos retóricos, como la creación de neologismos ("endraguezca") o este otro de paronomasia tan frecuente en Guevara: "nuevas parctidas, repartidas en diversas vías."

Si Torres Naharro ensalza la figura de un noble, don Alonso desenmascara la de otro. Donde el original celebra, nuestro autor delata. En Torres Naharro las "lenguas" son las olas del mar y las lenguas de los potenciales críticos de su obra literaria; en don Alonso las "lenguas" son las lenguas mal intencionadas de sus enemigos en la vida real. En su constante explotación del texto original de Torres Naharro, don Alonso no deja de aprovechar cada situación que aquél le ofrece para duplicar el sentido del original. Las olas entre las que se desplaza la nave de Torres Naharro son como las lenguas que hablarán en contra del libro que se presenta al público. Para don Alonso las calumnias vienen no del público, sino de su enemigo el conde don Hernando. Las "ynquietas carniceras lenguas" son las que "allá [en Sevilla] quedan." En uno y otro caso son los calumniadores quienes son "peores que pésymas hondas." No es precisamente una inversión de la metáfora, pero sí una simplificación jocosa del simbolismo del mar en el que se apoyaba el original. En una alusión a los libros de caballerías, que se repetirá más tarde y de manera más sistemática, su enemigo se convierte en un "apasionado dragón."

En su dedicatoria, Torres Naharro se dirige a un personaje importante a quien solicita su apoyo y protección. Entonces, no es extraño que encamine sus metáforas en ese sentido: la nave que representa su "torpe ingenio" es empujada por el viento próspero que procede de su benefactor. Don Alonso se dirige no a mecenas potenciales sino a vecinos y amigos, así que ese viento puede tener una fuente diferente: su cabeza, por ejemplo, ya que se refiere a la rabia que le produce ser vencido por un enemigo personal más poderoso que él. Dice "e próspero viento que de mi cabeza sallía" y de esta manera brusca comienza una serie de alteraciones del texto original, guiadas por el propósito, primero, de adaptar el original a su circunstancia personal y, segundo, de procurar la risa de sus interlocutores.

Luego, donde Torres Naharro sigue a la "Maestra Natura" en un tópico que nos muestra su cercanía a los pioneros del pensamiento humanista en Italia, don Alonso se permite manifestar su resentimiento por las circunstancias que fuerzan su salida de Sevilla. Para él la naturaleza no puede ser sino "yngrata natura." Con sólo este pequeño cambio de un adjetivo don Alonso consigue transformar la proclama humanista de Torres Naharro en una queja, es decir, una proclama que únicamente tiene sentido en función de su circunstancia personal. Más importante que la tendencia colectiva es la exhibición del malestar personal. Esta modificación se puede comparar con las modificaciones hechas por don Alonso sobre *sententiae* de Antonio de Guevara con el objeto de ofrecérselas al príncipe Felipe; en particular con las que se pueden considerar acuñadas por don Alonso.[6] En ellas también la intervención de nuestro autor se reduce a cambiar o añadir una sola palabra.

Continúa don Alonso presentando el desorden del mar a modo de ejército que se alza contra él. Por supuesto, es la odiada figura del conde don Hernando quien hace de "capitán general" de esas fuerzas. Las dos naves, la de Torres Naharro y la de don Alonso, se lanzan al mar siguiendo "la virtuosa voluntad de su patrón." La diferencia es que don Alonso añade: "en tanto que ella puede," para completar un retrato de su propia situación que lo hace aparecer disminuido. Queda claro que es el resentimiento atenuado por el componente humorístico, o al menos el deseo de hacer reír a sus interlocutores, lo que motiva esta reescritura del texto de Torres Naharro. ¿Copia? No precisamente.

Una primera conclusión que sacamos de estos préstamos de don Alonso es ésta: No podemos decir con Gillet y Keniston que nuestro autor copia a Torres Naharro simplemente. Más bien da la impresión de que don Alonso cuenta con la posibilidad de que sus amigos y parientes en Sevilla, a quienes escribe, conozcan el libro de donde toma el material. Esta es una contingencia que no debemos descartar dado el gran éxito de lectoría de Torres Naharro y las muchas ediciones de sus obras, algunas de ellas impresas en Sevilla, como hemos visto. Esto por cierto no hace del *Libro* una parodia de otros, pero sí un ejercicio hasta ahora no estudiado en la bibliografía sobre don Alonso de remedo burlón o banalizador, motivado por circunstancias personales, de discursos más serios o prestigiosos.

Este tránsito de un discurso elevado e idealista hacia otro más realista y vulgar aparece también en otros pasajes del *Libro*, como este en el cual, desesperanzado en medio del océano, reescribe el topos del *beatus ille*:

> Vendittos aquellos que con sus açadas sustentan sus vidas y biven contentos, espeçialmente sy con ellas andan cabe

> alguna fuente, que en verdad ya nos comiençan a dar por medida el agua y todos los que vamos en esta dicha nao desean más bevella que vertella. Y aun creo que ay algunos que holgaran de bolverse a Castilla y aver pagado el flete sin hazer el viaje. (128b–129a)

Pienso que la categoría de hipertextualidad acuñada por Gérard Genette puede ser de utilidad aquí. Genette define así la relación intertextual: "Entiendo por ello toda relación que une un texto B (que llamaré *hipertexto*) con un texto anterior A (al que llamaré *hipotexto*) en el que se injerta de una manera que no es la del comentario" (14, itálicas en el original). Hasta ahora he llamado "préstamo" a lo que quizá valga la pena comprender en el contexto más amplio de las relaciones transtextuales estudiadas por Genette. Creo que no basta con decir que don Alonso copia a Torres Naharro (o a Guevara o a algún otro). Tampoco hablaría de plagio porque tengo la sospecha de que don Alonso escribe teniendo en cuenta que sus lectores establecerán una conexión entre el texto que él les ofrece (hipertexto) y un original seguramente conocido (hipotexto). Tanto Torres Naharro como Guevara se cuentan entre los escritores más leídos del siglo XVI. Los "préstamos" de don Alonso podían pasar desapercibidos para el editor de los siglos XIX y XX, pero difícilmente para el lector medio del siglo XVI. De otro lado, con la decisión de don Alonso de no publicar sino póstumamente, descartamos toda intención de querer beneficiarse dolosamente del plagio.

Cuando Genette describe la parodia aristotélica como un ejercicio de "transposición" (20–21), hace una afirmación que resulta provechosa para mi proyecto: "La *transposición* de un texto épico podría consistir en una modificación estilística que lo transportaría, por ejemplo, del registro noble que es el suyo, a un registro más coloquial, e incluso vulgar: es la práctica que ilustraron en el siglo XVIII los travestimientos burlescos del tipo de *L'Enéide travestie*" (21, itálicas en el original). La transposición estilística que va de la dedicatoria de Torres Naharro a la carta de don Alonso es mínima; con todo, podemos decir que en la segunda el registro es menos noble y más coloquial, e incluso vulgar en su exhibición de la rabia y deseo de venganza. Para Genette el travestimiento afecta sobre todo al contenido, que "se ve degradado por un sistema de transposiciones estilísticas y temáticas desvalorizadoras" (37). Don Alonso ha operado sobre todo en el último aspecto: la desvalorización temática, pues ha convertido la dedicatoria al marqués de Pescara en una acusación indirecta contra el conde don Hernando. Para lograrlo don Alonso ha modificado la "letra" misma del texto original, y esto corresponde más a lo que Genette llama parodia estricta: donde "su letra [la del texto original] se ve ingeniosamente aplicada a un objeto que la aparta de su sentido y la rebaja" (37). Más adelante, Genette fija su concepto de parodia de un modo que resulta muy representativo de la práctica ejercida por don Alonso: "desviación de texto por medio de un mínimo de transformación" (37).

Para nuestro autor y para su época el reconocimiento del público se debía más a la valoración de su aporte en tanto que libro que entretiene y educa y, en ese sentido, que las ideas sean propias o ajenas era algo secundario. El siglo XVI está lleno de libros que no son otra cosa que compilaciones de dichos ajenos, salidos de la pluma de un autor o anónimos. Esto no quiere decir que el sentido de propiedad intelectual no existiera del todo. Lo había y las quejas de Antonio de Guevara en los preliminares al *Reloj de príncipes* son prueba suficiente de ello (lo que no quiere decir que Guevara fuera muy escrupuloso en el respeto de la propiedad intelectual de otros escritores o que le importara mucho la exactitud de las noticias ofrecidas en sus libros).

Me interesan estas relaciones transtextuales porque en don Alonso hay claramente un deseo de entretener a sus interlocutores al mismo tiempo que una voluntad de lucir sus conocimientos librescos o de mostrar, si no conocimientos, al menos ingenio. Esto queda más claro si continuamos leyendo esta carta dirigida a Enríquez de Ribera y a otros sevillanos y nos enteramos de las dificultades para llegar al Perú que el autor expone. Hemos ya visto cómo al denunciar la responsabilidad del conde don Hernando en su salida de Sevilla identificaba a este con un dragón. Esta misma alusión a los libros de caballerías[7] se repite, ahora de manera más sistemática, al narrar a sus amigos las dificultades que debe atravesar quien quiera llegar al Perú:

> Y bolviendo a cómo esto quiero y devo contar, los que este gran thesoro [el oro del Perú en manos de Pizarro y Almagro] an de aver, an de pasar primero por un grand lago, —bravo, largo, peligroso, congoxoso,— el qual es el mar Oçéano. Á de venir a portar a un puerto que se llama el Nombre de

> Dios, Castilla del Oro. En este castillo á de hallar un gigante espantable con una maça muy grande e rezia, que ninguno pasa que no mata o espanta. Y de çiento son los muertos los ochencta, por lo menos los sesenta. Llámase este gigante Valentín; es una dolençia que en pocos días los despacha. El que de aquí pasa con esfuerzo o maña, primeramente con ayuda de Nuestro Señor Dios, en lo qual á menester poner su bendita mano, entra en Tierra Firme. Atraviesa diez e ocho leguas, ásperas y espesas montañas do ay muchos leones, tigres, lagartos, y murçiélagos que quando lo toman a uno descubierto, le pican y sacan mucha sangre y, sy no se remedian, se desangran e mueren. Es menester andar por un río do, por el aspereça de la tierra, se á hecho el camino; allega el agua en partes a la rodilla y en partes a la çintura y en partes a la garganta del hombre. Desta manera se han de andar syete leguas de las diez y ocho.
>
> Llegan a un lugar, puerto asentado que se llama Panamá, a la orilla destotra mar del Sur, do podemos dezir que está un negro fiero con otra maça que se llama Jorgete, que en tres o quatro días esta enfermedad despacha de la vida al que en estotro le á escapado, con muy feroçes calenturas. El que de estas desaventuras á osado e podido pasar, entra en el mar del Sur, como quien entra en salas y en palaçios ricamente guarnidos. Es mar como leche en la navegaçión della en la blandura y sosiego, sin tormenta ni peligro, y apasziblemente allegan a esta dicha tierra del Perú, do está este dicho thesoro. Estálo guardando un viejo ançiano, varbiblanco que á nombre Piçarro. Dalo de buena gana a los que an osado o podido pasar estos peligros y travajos. (139b–140a)

Aquí la transposición se produce no de un texto hacia otro (como vimos que ocurre entre la dedicatoria de Torres Naharro y la carta de don Alonso) sino de un género literario hacia otro, no ficticio, la carta en cuestión. Don Alonso no hace otra cosa que describir esas dificultades con lenguaje y situaciones propios de los libros de caballerías. El héroe de la narración —es decir, él mismo— debe enfrentarse a gigantes (las enfermedades) y a una geografía difícil. Una vez superadas estas pruebas llega finalmente a un mar calmado —el océano Pacífico—, mar como leche, donde recibe finalmente su recompensa: obtener el oro del viejo de larga barba blanca que lo custodia (es decir, Pizarro). Con esto alude a su propia experiencia pues apenas llegó al Perú, Pizarro le entregó oro (148b).

Llama la atención la presencia de los gigantes Valentín y Jorgete. En tanto que gigantes, pertenecen al mundo fantástico de los libros de caballerías, como apunta Keniston en sus notas al texto (311) y, en ese sentido, su presencia está relacionada con la representación de Hernando de Andrada como dragón antes en la misma carta. Con todo, estos gigantes no son tales, sino representaciones alegóricas de las enfermedades que atacan al viajero en el Caribe primero y en Panamá después. El hipocorístico *Valentín* se deriva seguramente de *valiente*, aunque el diminutivo suele tener un valor de afecto o de ridículo que el contexto no tolera. De otro lado, *Jorgete* es una deformación paródica del nombre *Jorge*, como *Quijote* lo es de *Quijano*. Según Dominique Reyre, que ha analizado la onomástica cervantina, *-ote* es un sufijo peyorativo que tiende a alienar —a hacer ajeno— a quien lo lleva. Reyre nos recuerda que "Dans le roman de chevalerie, *Don Duardos*, le chevalier ridicule, s'appelle *Camilote*. De plus ce suffixe ote est très fréquent dans l'onomastique des Romances de Germanía. De noms de rufians le portent: *Perote, Calvote, Cantarote, Caxiote, Gibote, Margote*, etc." (126–27 y 131, itálicas en el original). Los nombres con que don Alonso bautiza a sus gigantes estaban vinculados entonces a una tradición libresca.

## Intermedio lírico

No sólo la prosa, también los versos de Torres Naharro llamaron la atención de don Alonso. De aquél toma el poema "Por tales senderos me guía mi suerte," con el que da cuenta de su situación al llegar al Perú. Otros poemas hay cuyos autores desconocemos, así como infinidad de alusiones y glosas de poesía, ya popular ya culta, que don Alonso injerta en su prosa. Además, dos largos poemas sobre la muerte del adelantado Diego de Almagro, uno de arte mayor y el otro un romance, que han sido muchas veces estudiados y antologados como muestras de la poesía sobre la conquista del Perú.

En esta sección de mi estudio quiero dedicarme a un aspecto del *Libro* de don Alonso que no ha sido considerado en toda su dimensión y posibilidades por la crítica. Me refiero a esta abundancia de material lírico que se encuentra a lo largo de todo el texto, sobre todo de su primera parte. Don Alonso no sólo interrumpe el curso de su narración para escribir o transcribir versos con bastante frecuencia, los trae además constantemente al presente del relato ya sea haciendo calzar un verso entre sus palabras ya sea glosándolo —*glosar* es el verbo que usa don Alonso para describir lo que hace (140a)— para adaptarlo a su intención. Ejemplo de lo primero puede ser su recurrir a dos versos del romance "Buen conde Fernán González" cuando, en un momento de su narración, hace un recuento de sus bienes materiales: "dellos me dexó mi padre y dellos me ganara yo . . ." (95a). En la primera ocasión se refiere a su renta, en la segunda se refiere a "deudos y amigos." Lo segundo se puede ilustrar con una modificación que opera don Alonso sobre un conocido villancico o, mejor, dos de ellos que parece refundir en uno solo. No es posible saber cuál o cuáles fueron los modelos que utilizó don Alonso. Ni siquiera sabemos si los leyó en alguna colección o si su conocimiento de ellos era sólo oral. Presento dos villancicos, probables modelos, seguidos del poema de nuestro autor:

El primer villancico:

> Por el montecico sola,
> ¿cómo iré, cómo iré?
> ¡Ay, Dios!, ¿si me perderé?
> Soledad me guía,
> llévanme desdenes
> tras perdidos bienes
> que gozar solía.
> Con tan triste compañía,
> ¿cómo iré, cómo iré?
> ¡Ay, Dios!, ¿si me perderé?
> Deslúmbranme antojos,
> que apenas diviso
> la tierra que piso
> qu'es mar de mis ojos,
> a buscar voy los despojos
> de mi fe.
> ¡Ay, Dios!, ¿si me perderé?

El segundo villancico:

> Estas noches atán largas
> para mí

no solían ser así.
Solía que reposaba
las noches con alegría,
y el rato que no dormía
en sospiros lo pasaba:
mas peor estó que estaba;
para mí
no solían ser así.

Y el poema de nuestro autor:

Por el montesyto solo,
Solo por el monte estos días,
¡A, tan largos para mí!
No solían ser ansý.
Estas plaças para mí
No solían ser ansí.
Solía que mis amigos me visitavan
Y asystentes me onrravan.
Agora véome cuytado,
Çercado de alcornoques y quemados,
De mis amigos desmanparado,
De asystente agraviado.
¡No solían ser ans ý! (82a)

Los poemas originales,[8] de tema amoroso, se convierten en el *Libro* de don Alonso en ocasión para lamentarse de las injusticias de las que se siente víctima. Ya hemos visto que a don Alonso le interesa tomar aquella parte que podía dar cuenta de su propia circunstancia. Los lugares adquieren materialidad; ya no es un ambiente cualquiera sino la ciudad de Sevilla y sus gentes, unos amigos y otros enemigos. Incluso nuestro ya conocido asistente de la ciudad, Hernando de Andrada, encuentra su lugar entre los versos de este villancico que don Alonso escribe para distraer a sus amistades. El "asystente" es, ya lo sabemos, Hernando de Andrada, su enemigo declarado. Se trata de un claro añadido que alude a su circunstancia personal, de la que se lamenta.

Son tantos los versos y alusiones a todo tipo de composición poética que hace nuestro autor que no puedo pretender agotar todos los casos. Los que ofrezco van a modo de ilustración y son los más representativos de esta inclinación por la lírica que caracteriza la prosa de don Alonso. No faltan composiciones que por su belleza o logrado ritmo son sin duda obra de poetas mucho mejor dotados que él pero cuyos autores nos son desconocidos. Dos de ellas, "Navegando mi sentido" (128b) y "Quien orégano deshecha" (141b), serán objeto de mi atención más adelante.

Las porciones más extensas de material poético son por supuesto el poema de arte mayor y el romance con los que don Alonso da cuenta de la captura y muerte de Diego de Almagro. A éstas no les ha faltado quien las estudie sobre todo por razones históricas pues se cuentan entre las primeras composiciones poéticas en español de tema americano (ver Palma; Coello). Mi propósito, sin embargo, es comenzar no con la poesía que él escribe sino con aquella que él toma prestada de la tradición poética española, popular o culta, y que es muy característica de la primera parte del *Libro*.

Aunque el *Libro* de don Alonso no está dividido en partes, la experiencia del viaje a América es tan significativa que cambia la relación que nuestro autor mantiene con aquello que escribe. El humor y el recurso constante a la glosa de versos van a ceder en la segunda parte a una mayor preocupación por reunir documentos probatorios ya no sólo de aquello que afirma sino también de su inocencia. Puesto que su partida al Nuevo Mundo fue ilegal —porque fue hecha contra los deseos expresos de la Corona— sus actividades en él estarán por años sujetas a sospecha y escrutinio por parte de las autoridades. Su larga querella contra Hernando Pizarro no hace sino multiplicar[9] los documentos de carácter oficial con los que sustenta su acusación contra este. Es en este sentido que creo que se justifica proponer una división en dos partes; un antes y un después de la experiencia americana.

La presencia constante de la materia poética de la que se sirve don Alonso para construir la narración de su vida contribuye notablemente a acercar el *Libro* al género de las misceláneas. Aunque este tema en particular será discutido en detalle en el tercer y último capítulo de este estudio, por ahora puedo adelantar que la naturaleza miscelánea a la que apuntan tantos versos citados y glosados por don Alonso debe medirse no por su relación con los principales exponentes del género, las *Epístolas familiares* de Guevara o la *Silva de varia lección* de Pedro

Mexía únicamente, sino por la popularidad de un libro anterior, la *Propalladia* de Bartolomé de Torres Naharro. Dos características diferencian a este último de los dos anteriores. Primero, que la *Propalladia* se presentaba al lector no como un libro de temas diversos sino de géneros diversos (poesía lírica, romance, diálogo) y, segundo, que en Torres Naharro el ejercicio de los motivos y géneros de la tradición era más importante que la noticia de hechos de interés. En el tercer capítulo veremos cómo don Alonso no acaba de situarse en ninguna de estas dos concepciones de la miscelánea pues participa de ambas.

Vamos en orden cronológico y siguiendo el discurrir del *Libro* cuando llamamos la atención sobre los poemas de los que don Alonso se apropia ("Navegando mi sentido" y "Por tales senderos me guía mi suerte"). Ellos resaltan por su belleza y por lo apropiados a las situaciones en las que él los engarza, lo que ha hecho pensar a alguno que se trata de composiciones suyas.[10] Desconozco quién es el autor del primero, pero dudo que sea don Alonso. Sólo le podemos atribuir con certeza los poemas dedicados a la muerte de Diego de Almagro y la calidad de ellos no está a la altura de la gracia alcanzada en este poema que cito a continuación:

> Navegando mi sentido
> por el golfo del cuydado,
> llevando em popa el olvido,
> por la proa me á envestido
> memoria de lo pasado.
> Quisiera, viendo el afrenta
> no menos en la tormencta,
> amaynar mis pensamientos,
> mas quien los haze contentos
> no consiento que consiencta.
>
> Y aunque de desconfiado
> algunas vezes confío,
> por lo que ya é conmençado
> hallo que será forçado
> darle cabo, o ver el mío.
> Que aunque va mi pensamiento
> dudoso de salvamento,
> esperança me asegura
> que ofresçe más la ventura
> a quien tiene çufrimiento. (128b)

Apenas deja las Islas Canarias, en "el golfo del mar océano" (128b), encuentra ocasión para transcribir estos versos. Hemos visto antes que en su transcripción de la dedicatoria de la *Propalladia*, un viaje alegórico en el texto original se convertía en una experiencia real en la pluma de don Alonso. Lo mismo ocurre aquí. El océano simbólico en el que navega el "sentido" de la voz poética es un océano de verdad y el "pasado" y la "esperanza" tienen una consistencia real que conocemos porque el autor nos ha dado amplia cuenta del discurso de su vida.

Don Alonso declara que transcribe estos versos para "dar apetito a los leedores" (128b). Aunque repetidas veces nos dice que la difusión de su *Libro* sólo puede ser póstuma,[11] también son frecuentes estas alusiones a los lectores y al placer de la lectura. Sin duda don Alonso ha leído o escuchado con placer estos versos. Su constante recurrir a la lírica nos dice mucho de su sensibilidad para la poesía, especialmente de su buen oído para la lírica popular y de su admiración por la vertiente más bien culta, de donde procede el poema antes citado y también el que citaremos en seguida. De otro lado, nos dice también mucho del prestigio de los géneros poéticos entre sus corresponsales —la mayoría de ellos cortesanos—, que no serían ajenos a la aceptación general de que gozaba la poesía en ese tiempo. Los géneros más populares y también los más prestigiosos de la época circulaban en verso y no podía dejar de distinguirse en un medio cortesano quien fuera capaz de repetirlos.

El otro poema del que se apropia don Alonso es este que sigue:

> Por tales senderos me guía mi suerte
> que sé donde boy y hierro la vía.
> La vida es comigo y yo siento la muerte;
> tristeza me sobra, publico alegría.
> Mill años se pasan, paresçeme un día;
> y en medio el reposo, fatigo y afano.
> Deseo mi mal, mas no lo querría.
> Y sudo en ynvierno y tiemblo en verano.
> Yo boi por lo alto y estoy en lo llano;
> yo no tengo manos y contino escrivo;
> yo sé que me pierdo, yo sé que me gano;
> yo sé que soi libre, tanbién soy cabtivo.
> Tras otros me boy, de mí soy esquibo;
> sin lumbre vería, por bien questoy çiego.

Yo propio me mato, yo propio rebivo
y en mí son amigos el agua y el fuego.
Desmayo en un punto y esfuérçome luego.
Hallé a don Juan muerto, mi hermano postrero;
destos travajos estoy muy somero.
Con carga pesada me hallo ligero;
y en dos palmos de agua me hundo y anego;
y en medio del mar me boy por do quiero.
Fallésçeme lengua, soi todo parlero;
estoy en prisyón, yo tengo las llaves;
yo siembro en agosto y cojo en henero.
No entiendo las gentes y entiendo las aves;
navego en barquillos, convatto con naves.
Prométenme paz, yo pido la guerra.
Las pesgas de plomo me son menos graves;
no salgo del çielo y estoi en la tierra.
No ay valle más hondo ni más alta syerra;
las nuves exçede mi grand pensamiento. (142a)

La fuente es la *Propalladia* de Torres Naharro. Keniston señala que "Por tales senderos me guía mi suerte" procede del Capítulo Primero de la *Propalladia* (33–34). Keniston está seguro, ya lo hemos dicho, de que don Alonso transcribe de un libro que lleva consigo: "La transcripción del texto es tan exacta que debió copiarla de alguna edición que había llevado al Perú. Tal vez había comprado un ejemplar de la edición [impresa en Sevilla, en casa de Juan Cromberger, el 10 de septiembre de 1534], tres semanas antes de su salida" (xlvii).

Pero más allá de este gusto generalizado por los géneros poéticos, hay algo peculiar en el caso de don Alonso. Lo que es especial en él es su esfuerzo por acomodar ese material lírico a su circunstancia personal. Ocurre con "Navegando mi sentido" y más todavía con "Por tales senderos me guía mi suerte" porque en este último don Alonso agrega dos versos de su cosecha ("Hallé a don Juan muerto, mi hermano postrero; / destos travajos estoy muy somero") y, además, hace seguir a su transcripción del poema un párrafo en el que explica cómo los contrastes referidos en los versos son más que un recurso retórico cuando él los hace suyos porque en él se han convertido en circunstancia real. Es lo mismo que hizo con la dedicatoria de la *Propalladia*: vaciarla de su contenido original para darle uno nuevo. Incluso el haber mudado de hemisferio —de norte a sur, de Europa al Perú— le permite dar por verdadera la construcción oximorónica "Y sudo en ynvierno y tiemblo en verano" pues, nos explica, "Yo partí de Sevilla por ynvierno, do digo verdad que pude sudar, y llegué al Perú en verano, do no digo mentira que tiemblo de frío" (142b). Más allá de la precisión de estas explicaciones nos interesa sobremanera que las haga, es decir, que sienta el orgullo y la satisfacción de poder engastar el poema ajeno dentro de su propio discurso. Esto se nos presenta como una voluntad de transformar el discurso de una vida en un constructo artístico. Así como nos dice que quiere "enseñar" o "advertir" a sus lectores, también quiere ofrecerles la posibilidad de la fruición literaria.

Como don Alonso no es un artista que vaya a adherirse a una determinada concepción del arte, su idea de lo que es una obra artística debemos encontrarla no en tratados de la época sino en sus propias reflexiones sobre su trabajo. En el preliminar "Al lector," don Alonso nos dice de su *Libro* que es "obra muy provechosa y nesçesaria" (7). A lo largo del texto repetirá este cometido de aleccionar a otros con la historia de su vida. La voluntad de entretener, aunque se manifiesta en varias ocasiones, sólo se declara explícitamente en un par de pasajes. Es significativo que esa voluntad explícita de entretener aparezca justo en el momento de transcribir poemas. Veamos con atención estas explicaciones que ofrece don Alonso porque nos ayudarán a comprender no sólo su método de composición sino también su relación con el mundo de las letras. Después de transcribir los versos de "Navegando mi sentido" (que hemos citado antes), sigue:

> Para dar apetito a los leedores y por tomalle yo para escrevillo, escrivo muchos géneros de cosas en metro y en prosa, aunque el metro será más corto, porque el más del tiempo está leproso e travajoso, y por esso soy más amigo de la prosa, espeçialmente agora en este charco, que á diez días que no vemos tierra. . . . (128b)

Los versos entonces son un divertimento, una golosina que se ofrece al lector para asegurar su atención. Es interesante, además, que ellos cumplan su propósito en un sentido doble; de un lado, "dan apetito" a los lectores (como "antipasto," diría Torres Naharro) y, de otro, ayudan al autor a "tomar apetito" de escribir (es decir, motivarlo). Esta función se verifica no sólo con los versos, sino con "muchos géneros de cosas en metro y en prosa" por lo que podemos suponer que don Alonso confiaba en que la acumulación de material diverso iba a ser del agrado de sus lectores potenciales. Esto mismo hizo de las misceláneas un género muy atractivo en el siglo XVI.

Una declaración similar por parte de don Alonso la encontramos no después sino antes de transcribir el Capítulo Primero de Torres Naharro (que ya hemos citado). Lo que dice es lo siguiente:

> Primero quiero dezir que me é remediado de los grandes travajos con ocuparme en cosas que no sé bien hazer, por tardar más en ellas y ocupar tiempo, por lo que devéys perdonar la trova, sy no fuere tal. La qual pongo aquí, ansí por deziros todo lo que passo y hago como por darme apetito para escrevir y dároslo a vos [Enríquez de Ribera] para leer, la qual es hecha al propósito de mis travajos. Y luego em prosa proseguiremos nuestro viaje e acaesçimientos. (141b–142a)

Ahora la poesía aparece no sólo como un divertimento con el cual el autor puede estimularse a escribir y el lector a leer, es también un pasatiempo que don Alonso abraza para matar el tiempo. El problema para nosotros, lectores de hoy, es que a don Alonso no le interesa mucho distinguir lo propio de lo ajeno y escribir, transcribir o "glosar" son para él ejercicios análogos con los que se recrea. Confiaba seguramente en que sus lectores pudieran reconocer el material sobre el que operaba.

La escritura entonces es un proceso a través del cual el autor va reuniendo materiales para componer el libro. "Escribir" un libro denota para nosotros la originalidad del contenido y la propiedad del autor sobre el producto final. Don Alonso sin duda preferiría decir "componer" un libro en tanto que lo escrito en él procede de fuentes diversas y de momentos distintos: cartas que él escribe y otras que él recibe, poemas que transcribe o reescribe creativamente y otros que son suyos, noticias a modo de *mirabilia*, documentos oficiales y un largo etcétera.

La noción de "libro" que se manejaba en la época corresponde a la práctica que acabamos de describir. La definición más extendida de "libro," ya usada en la Edad Media, es según la *Enciclopedia del idioma* de Martín Alonso, "Conjunto de hojas de papel, vitela, etc., ordinariamente impresas, cosidas o encuadernadas y con cubierta de papel, cartón, tela, pergamino u otra piel, de modo que formen un volumen." Covarrubias, en su *Tesoro*, ofrece una definición similar: "vulgarmente llamamos libro [a] cualquier volumen de hojas, o de papel o pergamino ligado en cuadernos y cubierto,"[12] que se repite como es previsible en el *Diccionario de autoridades*: "El volumen de papel, cosido y cubierto de pergamino u otra cosa." Don Alonso se refiere a su vida —su biografía escrita por él mismo— como *Libro*, nombre propio, la mayoría de las veces.[13] Tanto el manuscrito de Nápoles como el de Madrid utilizan la palabra *libro* para identificar el texto: "Libro de su vida" y "Libro de la vida y costumbres," respectivamente. En el de Madrid, se ha añadido con letras distintas o más recientes los nombres "tratado" o "vida." "Libro" ha sido y es la denominación más recurrida para identificar nuestra obra.

El nombre *libro* debía entonces destacar la idea de conjunto, de partes reunidas con un propósito. En las páginas que siguen quiero mostrar que ese propósito es artístico. A diferencia de los autores estudiados en mi primer capítulo, don Alonso concibe artísticamente la historia de su vida. Diego Galán tiene conciencia de lo que es una prosa artística, pero esto no juega un papel importante en la concepción de su autobiografía (manuscrito de El Escorial) sino en la elaboración novelesca (manuscrito de Toledo) que hace de ella posteriormente. Galán noveliza una "vida" ya escrita; don Alonso nos da la impresión de que puede formular la narración de su vida con las palabras mismas de la literatura que lleva en la memoria.

Son dos los temas que debemos resaltar:

(a) El discurso del yo es compatible con la belleza artística
(b) La reelaboración de materia literaria ajena encuentra su lugar dentro del género testimonial

Como veremos más adelante, don Alonso escribe sobre todo motivado por la defensa de su honra. Es cierto que escribe al principio con ánimo de contar sus aventuras y retratarse a sí mismo como un ejemplo para otros, pero rápidamente la historia de su vida se convierte en un continuo disputar y reclamar. El hábito de la Orden de Santiago, sus problemas personales en Sevilla, sus enfrentamientos con Hernado Pizarro son los grandes temas que llenan su libro. En don Alonso se cumplen las dos condiciones para la escritura autobiográfica que concibió la mentalidad medieval: el relato didáctico y la apología o defensa. Es una tradición que recoge como modelos principales a san Agustín y a Boecio y que se extiende por la Edad Media hasta el Renacimiento, cuando se imponen discursos más personales, como el de Benvenuto Cellini. Don Alonso, aunque contemporáneo de este último, está a medio camino entre estos dos períodos. En los preliminares del *Libro* y en muchas ocasiones a lo largo de él nos dirá que escribe para instruir a otros nobles, sobre todo en su juventud, o al menos para mostrarles con su ejemplo cómo comportarse. También escribe motivado por la defensa de su honra personal, que él ve amenazada por influyentes personajes de la corte y de Sevilla. Sin embargo, en la práctica don Alonso revelará un espíritu juguetón que no pierde ocasión para burlarse o ironizar. Sabe también reírse de sí mismo y muchas veces muestra un cinismo que contradice las buenas intenciones declaradas en los preliminares.

Estos dos elementos en tensión no son ajenos a la tradición literaria española. La misma tensión entre un yo narrador con intenciones didácticas y un yo protagonista de acciones jocosas o reprensibles la encontramos en el *Libro de buen amor*. En don Alonso aparece esta tensión junto a una voluntad decidida de embellecer el relato. Esta dimensión estética del *Libro* se manifiesta sobre todo en la transcripción de poesías diversas, o "trovas" como las llama don Alonso, la inserción de versos de los cancioneros en el relato en prosa, el gusto por diversos géneros discursivos (carta, diálogo, romance, cuentecillos) y el tratamiento retórico de la sintaxis (rimas internas, juegos de palabras). Con todo, el relato siempre reclamará su compromiso con la verdad y, aunque muchas veces don Alonso no ha sido tomado en serio, quienes han contrastado su información con la de fuentes históricas intachables han encontrado que salvo alguna exageración comprensible se ajusta a la verdad de los hechos. Es importante entonces subrayar que los afanes de don Alonso por embellecer su *Libro* y hacerlo más atractivo a sus lectores no se contradicen con la verdad histórica contenida en él.

* * *

Otros elementos puestos en juego por estos procesos de transcripción son el humor o el *pathos*, en tanto que muchas veces el recurso a algún romance u otra composición sirve para resaltar las circunstancias dramáticas en las que se encuentra inmerso el autor. Veamos algunos ejemplos.

Las alusiones a un villancico de Juan del Encina se realizan con ánimo humorístico. El villancico "Vencedores son tus ojos, / mis amores, / tus ojos son vencedores" (Encina 723–25), con su estribillo "Mis amores, / tus ojos son vencedores," lo usa don Alonso en su juego de cortejo cortesano con la portuguesa Leonor de Castro (57b) y más tarde en son de burla con relación al hábito de Santiago que tanto desea: "Mis amores, tus ábitos son vençedores," nos confía don Alonso que le dice al Emperador (60a). También es humorística la alusión a una canción de Boscán: "Entonçes daré por bien empleados mis trabajos, aunque an sido muy grandes y espantables y peligrosos. A lo qual digo y gloso la cançión de 'Amor manda y hordena,' diziendo 'Cobdiçia manda y hordena que tenga por muy buena la triste vida'" (140a).

Frente a esos momentos de humor, se presentan otros más bien sombríos en los que don Alonso lamenta su suerte. Cuando piensa ir a Italia para alejarse de los problemas con Andrada y Tello, escribe esta canción:

Sy muero en tierras agenas,
Lexos de donde nasçí,
¿Quién abrá dolor de mí?
¡O triste amador perdido!
Cativo, syn redençión,
Estraño de mi naçión,
Lexos de donde nasçí
¿Quién abrá dolor de mí?
Donde no soy conosçido,
¿Quién me terná conpasión? (95ab)

Margit Frenk recoge este villancico en la sección "Por campos y mares" y, dentro de ésta, en el apartado "A tierras ajenas." El estribillo, que se encuentra en varios repertorios,[14] se convertirá en una suerte de *leitmotiv* que repite cada vez que se refiere al hecho de partir hacia tierras extrañas. Ya en el barco que lo llevará a América, escribe a Enríquez de Ribera: "embarcado para Tierra Firme, que ésta es muy mobible, 'lexos de donde nasçí, ¿quién abrá dolor de mí?'" (125b). Otro ejemplo de estos momentos sombríos se produce cuando un ambiente bucólico le inspira reflexiones codificadas en la literatura pastoril (82a). El poema que escribe o transcribe, "Por el montesyto solo" (citado antes), es adaptado a su circunstancia personal. Ya sabemos que las alusiones al asistente de Sevilla, Hernando de Andrada, su enemigo declarado, son añadidos suyos a un villancico que la tradición preserva de otra manera. Lo mismo ocurre en una carta que escribe desde su retiro en Santiponce: "Muy magnífico señor: Estos días, —a tan largos para mí, no solían ser ansí . . ." (120a), donde usa las palabras del villancico que ya comentamos.

Finalmente, no he podido identificar la fuente de los versos sobre las propiedades del orégano. Curiosamente don Alonso mezcla los datos de su experiencia con los versos que más bien acusan su dependencia de las antiguas teorías humorales,[15] lo que es índice de su pertenencia a una tradición que don Alonso se permite citar, quizá de memoria. Los versos vienen a cuento cuando declara, ya en el Perú, que no ha sufrido muchos males durante el viaje, porque ha tenido un cuidado especial: "syn haberme hecho benefiçio ninguno syno comer un poco de orégano las más noches" (141b). Los versos son éstos:

Quien orégano deshecha
mucho ignora su virtud.
A siete cosas aprovecha
e a otras muchas da salud:
ver, oýr e memorar;
la flema gasta e desiste;
el rostro amarillo y triste
presto hace colorar.
Esta yerba singular
da calor a la cabeça
quando quiere resfriar. (141b)

Junto a su conocimiento de la literatura escrita, a la que don Alonso podría haber accedido a través de cancioneros, figura también, de manera más prominente, su gusto por la vena más popular: aquélla representada por los romances, los refranes y versos de arte menor que abundan a lo largo del *Libro*. Hace referencia a dos romances: "Allá en Gargantalaolla" y "Buen conde Fernán González." Al igual que sucede con refranes y canciones populares, su conocimiento es más de oídas que de lectura porque, aunque llegan a la imprenta en el siglo XVI, los romances siguen siendo un género oral, como lo demuestra el mismo don Alonso que continuamente los trae de su memoria al texto que escribe. Así como añade dos versos al poema de Torres Naharro (142a), no es raro que añada glosas a los versos populares que recuerda (Keniston xlvii–xlviii).

A caballo entre lo popular y lo culto se encuentra un constante recurrir a sentencias, algunas venidas de una vieja tradición clásica, otras más cercanas al refrán popular. Don Alonso se regodea en recordar estos materiales y traerlos al presente de su relato, muchas veces transformados en función de su circunstancia personal. Esto supone para él una oportunidad para probar su suerte como creador o acuñador de nuevas sentencias.

## La captura y muerte de Diego de Almagro

Hemos dicho que el tema de la honra es para don Alonso un motivo fundamental a la hora de componer su *Libro*. Dentro de este componente de su obra, habría que abrir una subdivisión para ocuparnos de la defensa de una honra ajena: la de Diego de Almagro. Uno de los episodios más dramáticos del *Libro* es sin duda la muerte del adelantado Diego de Almagro. Hay otros personajes a los que don Alonso se refiere con admiración, como don Fadrique de Toledo, duque de Alba (75b–77a), y el inca Atahualpa (143b–146b), cuyas muertes describe con emoción y evidente desacuerdo. La muerte de Almagro, sin embargo, es ocasión de varias redacciones, así en prosa como en verso (aunque no reconoce estos últimos como suyos). Francisco Pizarro, con el concurso de sus hermanos, había creado una red de poder contra la cual Almagro, solo y envejecido, no podía hacer mucho. Víctima de la codicia de los Pizarro, Almagro quedó relegado y forzado a tomar las armas para hacer valer sus derechos. Es curioso que el acomodaticio y siempre práctico don Alonso se haya puesto del lado del débil en esta ocasión. Como su relación con Francisco Pizarro siempre fue cordial, es de suponer que fue su enemistad con Hernando Pizarro lo que lo llevó a ello. No es la primera vez que don Alonso pierde una oportunidad o se pone en una situación difícil a raíz de su carácter iracundo.

Lo cierto es que don Alonso narra en su *Libro* por lo menos en cuatro ocasiones la captura y muerte de Almagro. Primero, las narra simplemente; segundo, las hace figurar como parte de una carta-informe que dirige al Emperador; tercero, hace versos de arte mayor sobre el tema siguiendo el modelo de Juan de Mena; y cuarto, nuevamente en verso, en arte menor, en el muy popular formato del romance que ha de cantarse, nos dice el autor, "al tono del 'Buen conde Fernánd Gonçález'" (220a). De los dos poemas nos dice Keniston que "son versiones suyas [de don Alonso], en versos increíblemente malos, de la historia que había escrito, a veces con gran emoción, en prosa" (xlviii).

Menciones a don Alonso, como autor de los dos poemas sobre la muerte de Almagro, son frecuentes en los panoramas sobre la literatura colonial peruana. Su caso no es único. La poesía no es ajena a las narraciones sobre la conquista. La de Francisco de Xerez[16] está acompañada, al final, de un poema de 21 estrofas, coplas reales, que, nos dice Óscar Coello, "tratan de ser presentadas, ingenuamente, en las últimas líneas de la crónica, como obra de otra persona que sale en defensa de la honra del cronista" (25–26). Dos coincidencias, pues, con don Alonso: la una, recurrir al verso, y, la otra, esconder que es el autor. Otra nueva coincidencia queda por señalar: el interlocutor es Carlos V. Nos dice Coello que "dirigirse al Rey como interlocutor era un recurso poético —y estrictamente poético— sabroso e inteligible para el gusto del momento" (35).

Otro poema se suma a los de Xerez y don Alonso, el de Diego de Silva, autor de una "Relación de la conquista y descubrimiento que hizo el marqués don Francisco Pizarro en demanda de las provincias y reynos que agora llamamos Nueva Castilla." En ella, Silva, nada menos que el hijo de Feliciano de Silva, repite el esquema formal del *Laberinto de Fortuna* de Mena. Es otra narración sobre la conquista escrita en verso. En palabras de Porras Barrenechea: "El hecho no se debe a un capricho poético, sino que responde a una costumbre de Época: se usaba el metro para defender ante los príncipes algún litigio o reclamar mercedes o perdones para un agraviado. El verso era como un traje de gala para presentarse en la Corte y las mejores defensas eran unas coplas" (citado en Coello 54). El engrandecimiento de los Pizarro en detrimento de Almagro hace evidente que Silva militó en las filas pizarristas. De hecho, fue recompensado con una encomienda en el Cusco, arrebatada a algún almagrista, después de la batalla de las Salinas el 26 de abril de 1538 (Coello 58–59 y 62).

El contenido de los poemas sobre la muerte de Almagro coincide con la narración en prosa de los hechos que el mismo don Alonso hace antes en su relato y la calidad de los versos está a su alcance. Más importante todavía, estos versos vienen a apoyar las evidencias que presenta contra Hernando Pizarro en la batalla judicial que sostuvieron entre 1540 y 1545. El primero es un poema escrito en versos de arte mayor y compuesto de cuarenta octavas reales; el segundo es un romance de rima asonante de 362 versos. Los poemas de don Alonso nos han llegado en tres manuscritos. El de Nápoles, el de Madrid y el del Archivo de Indias, este último separado del resto del *Libro* y sin el romance. Existen variantes en los títulos. Los versos de arte mayor llevan el siguiente encabezamiento: "Obra sobre la muerte que fue dada al illustre Don Diego de Almagro" en el manuscrito de Nápoles. El manuscrito de Madrid añade "La obra *en metro* sobre la muerte. . . ." El manuscrito del Archivo de Indias, que lleva una introducción en prosa y el visto bueno del censor, omite la última estrofa. Lleva el siguiente largo título: "Nueva obra y brebe en prosa y en metro sobre la muerte del illustre señor el adelantado don Diego de Almagro, governador y capitán general por Su Católica y Real magestad del Emperador y Rey nuestro Señor en el Nuevo Reyno de Toledo, llamado Perú, descubridor y conquistador y sustentador desta rica probinçia." El romance se presenta en los manuscritos de Nápoles y Madrid como "Síguese el romance hecho por otro arte sobre el mismo caso, el qual se á de cantar al tono del 'Buen conde Fernand Gonçalez.'" Otras descripciones de estos manuscritos así como de sus ediciones parciales o totales en Keniston (lix–lxii) y Coello (212–16).

El texto en prosa en el manuscrito del Archivo de Indias se refiere a la ejecución de Gonzalo Pizarro, que se produjo en 1548 (Palma 13; Coello 216). No es posible afirmar con certeza que ésta sea la fecha de composición porque hay dos estados de redacción. En los manuscritos de Nápoles y Madrid, es decir en el *Libro*, los Pizarro están presos en la corte (216a). En el otro, aparece Gonzalo sentenciado a muerte y Hernando condenado a cárcel perpetua (328a). Coello conjetura que don Alonso escribe en 1541, convaleciente en su casa de Sevilla (223). La fecha es razonable porque coincide con la batalla legal que don Alonso libra contra Hernando Pizarro.

* * *

El primer poema sobre la muerte de Almagro que escribe don Alonso tiene por metro la octava real. Entre los principales cultores de este metro contamos a Boscán, Castillejo, Hurtado de Mendoza y Barahona de Soto. El auge corresponde al Renacimiento, pero la figura principal es Juan de Mena. A mediados del siglo XV, Mena era un poeta sólo comprensible para lectores experimentados. Esto podría hacer que alguno se pregunte cómo es posible que estos conquistadores, de tan pocas letras, lo tuvieran por modelo. Al respecto nos dice María Rosa Lida: "Mena, que solo escribe para los entendidos y que difícilmente podría ser popular a mediados del siglo XV, lo es en los siglos XVI y XVII cuando ya una nueva escuela lo ha reemplazado en el gusto de los entendidos" (citado en Coello 68).

Algunos de los temas del *Laberinto de Fortuna* se repiten en los poemas de los conquistadores, como la soledad del héroe y la constancia frente a los embates de la Fortuna (Coello 76–77). Así como Silva hace un paralelo entre las figuras de Pizarro y Cristo,[17] don Alonso también representa las últimas horas de Almagro como un vía crucis.

Citemos la primera estrofa del poema de arte mayor para conocer mejor esta faceta de nuestro autor:

> Católica, Sacra, / Real magestad,
> Çésar augusto / muy alto monarca,
> fuerte reparo / de Roma y su barca,
> en todo lo umano / de más potestad,
> rey que procura / saber la verdad,
> crisol do se funde / la reta justicia,
> pastor que, no ostante / qualquier amiçiçia,
> conserva el ganado / por una igualdad. (215a)

He marcado la cesura característica de las octavas reales para facilitar una lectura similar a la que harían los contemporáneos de don Alonso. Quien esté familiarizado con la obra de Juan de Mena, reconocerá el esquema formal del *Laberinto de Fortuna*. No obstante esta clara filiación, ha sido común rescatar el valor histórico del documento y soslayar el literario. Coello comenta así esta primera estrofa: "Nuestro poeta Enríquez de Guzmán comienza así y, por increíble que parezca, se le ha supuesto . . . no un poeta culto y cortesano, sino un vulgar litigante judicial"

(237). Esto lo dice contra el historiador Porras Barrenechea, que sostiene que el verso era un adorno para el alegato que don Alonso presentaba ante el rey, pero la verdad es que las opiniones de ambos no tienen por qué ser excluyentes.

La "jerga de cancillería" o "jerga notarial" —estas expresiones corresponden a María Rosa Lida— es un recurso usual en Mena y sus seguidores. El hecho de que el lenguaje del poema recoja giros propios del quehacer legal forma parte del código literario dentro del cual el autor ha escogido actuar. Coello es el primer estudioso de la obra de don Alonso —al menos la obra en verso— que celebra con entusiasmo su calidad literaria. Sostiene que nuestro autor "acude hasta con regocijo a la terminología jurídica para que el poema suene a alegato; pero no es que sea un mero alegato en verso, lo cual es muy diferente. Este lenguaje es una ficción artística, por donde se le mire" (239). El mismo don Alonso, nos advierte Coello, "asume este juego verbal como el rasgo característico del poema, el que le confiere esa cualidad artística de poema curialesco o cortesano, para ser oído y gustado por el Rey, cuando menos, en el solemne arte mayor. Después hará un romance para la plebe, sobre el mismo asunto" (238–39).

Tenemos, pues, que don Alonso practica dos registros. No por la necesidad de volcar en el papel una experiencia que lo afecta particularmente ni por hacer alarde de su habilidad con los versos, sino porque servía más a su propósito presentar los hechos a dos tipos de lectores: dentro y fuera de la corte. Es decir, las octavas reales debían leerse en la corte y el romance debía difundirse oralmente porque el objetivo de don Alonso era llegar al rey y al mismo tiempo despertar "el repudio popular" contra Hernando Pizarro (Coello 248). Don Alonso, por supuesto, pone énfasis en la injusticia de la que es víctima Almagro y en el daño a los intereses de la corona que supone la acción arbitraria de su asesino. Cito los primeros versos:

Porque a todos los presentes
y los que dellos vernán
este caso sea notorio,
lean lo que aquí berán
y noten por ello visto
para llorar este afán,
la más cruel sinjustiçia

que nadie puede pensar,
contra el más illustre hermano
de quantos son ni serán;
el más servidor de Çésar
que se vido en guerrear,
que por valor merecía
ser otro Gran Capitán,
así en el pro de las rentas
y patrimonio real
como en reduzir los yndios
so nuestro yugo do están. (220ab)

Sin embargo, esta preocupación por los intereses de la corona no era la razón de fondo que animaba a este y a otros poemas relacionados con las escaramuzas entre los conquistadores. "Ellos [romances de la conquista] tratan de hechos altamente significativos. Y es por ello que sus autores buscan el anonimato, algunos sin conseguirlo, como que en ello se les va la vida. Todos los romances de la conquista que conservamos tratan de sucesos político-militares donde se toma partido," nos recuerda Coello (301). Don Alonso no tenía por qué ser una excepción.

La alusión al romance del conde Fernán González es importante porque se trata de una indicación de cómo ha de cantarse el romance que él mismo escribe sobre la muerte de Diego de Almagro (220a–224a). Además, es interesante que se trate de este romance puesto que no es sólo la métrica lo que debe interesarnos sino también el tema de las composiciones. Tanto Diego de Almagro como Fernán González son hombres enfrentados a una autoridad que actúa arbitrariamente.

En ambos poemas queda clara la superioridad moral de Almagro. Se defiende correctamente, argumentando con la ley en la mano; mientras, frente a él, se alza la figura codiciosa y ajena a la ley de Hernando Pizarro. El relato es conmovedor porque en él se aprecia a un viejo e indefenso Almagro defenderse hasta la humillación y sin ningún resultado. Sin embargo, en el relato en prosa (179b–181b), don Alonso había terminado de narrar los hechos con un giro sorprendente que nos habla de su cinismo: "Al presente nos hemos hecho amigos el dicho Hernando Piçarro e yo, porque éste es bibo y estotro [Almagro] muerto y es muy ruyn conbersaçión con los muertos" (181b). Don Alonso habría escrito estas palabras entre 1539 y 1540, ya de regreso a

España y antes de querellarse con Hernando Pizarro. Una razón más para pensar que la redacción de los poemas fue parte de su estrategia judicial contra este.

## A la sombra de Antonio de Guevara

El ya citado ensayo de Agustín Redondo ha puesto en claro la relación de dependencia existente entre don Alonso y la obra de Guevara. Para el primero, autor en ciernes, la obra del segundo, un gran éxito editorial, leído y comentado en todas partes, debía parecer un ideal inalcanzable y por tanto no debe sorprendernos que su acercamiento haya sido tan superficial. Veamos qué halló don Alonso en el autor de las *Epístolas familiares*. Guevara tuvo una actitud bastante irreverente y novedosa frente a sus antecedentes clásicos. Preparó su colección de epístolas dotándolas de variedad temática y adorno retórico, pero no se preocupó mucho de la verdad de los hechos contados ni de la fidelidad a las fuentes. Su motivación mayor fue producir un material de lectura altamente atractivo y le interesó más complacer el gusto de sus muchos lectores que satisfacer un mínimo de rigor.

Un pasaje importante del *Libro* que ofrece materia para discutir la naturaleza de los préstamos de don Alonso tomados de Guevara es una carta fechada el 30 de abril de 1545 en la que nuestro autor ofrece al joven Felipe, futuro rey Felipe II, 133 dichos o *sententiae* a manera de consejos al príncipe. Aunque en esta carta están concentradas, las sentencias aparecen muchas veces a lo largo del *Libro*. Su abundancia se corresponde con lo que Keniston ha llamado una tendencia del autor a "expresarse en lugares comunes" (xlviii). De estos consejos que don Alonso ofrece al príncipe Felipe (264b–267a) Keniston nos dice:

> Es una miscelánea de materiales, algunos del *Libro de los proverbios* de Salomón, otros en el estilo de los *Adagia* de Erasmo, otros que recuerdan los *Bocados de oro* . . . . Es posible que otros se deriven de Plutarco o de Diógenes Laertius. Pero, en general, son un reflejo de su formación bajo el arzobispo Deza y de su costumbre inveterada de moralizar. (xlviii)

Redondo ha hecho un trabajo más completo de identificación de estos dichos. Al hacerlo ha ofrecido por cierto algo más valioso que la ubicación de la fuente: nos ha permitido ver cuáles de ellos son, o podrían ser, originales de don Alonso; ha demostrado la fuerte dependencia de nuestro autor con respecto a las notas al margen en las primeras ediciones de las *Epístolas familiares* de Guevara; y, lo que es más importante, ha llamado la atención sobre aquellos dichos que don Alonso se ha tomado la libertad de reformular y a veces de tergiversar para adaptarlos a sus circunstancias personales o para lograr un efecto cómico (por lo general ambas cosas a la vez). Ninguna de las ediciones modernas de las *Epístolas familiares* de Guevara recoge las notas al margen de las primeras ediciones. Redondo ha comprobado, sin embargo, que la fuente principal de las *sententiae* que don Alonso dirigió al príncipe son esas notas. Así las describe Redondo:

> Ces notations marginales résument, à intervalles reguliers —souvent en reprenant les termes mêmes employés dans les *Épîtres* . . . — le contenu du texte guévarien ou, quelquefois, attirent l'attention du lecteur sur telle sentence d'un écrivain de l'Antiquité, sur telle phrase, sur tel passage digne d'être remarqué. Elles constituent, en quelque sorte, sous une forme toujours concise et fréquemment sentencieuse, la quintessence des *Epístolas familiares*. (176)

Las constataciones de Redondo son contundentes: de 133 *sententiae* 128 se deben a la primera parte de las *Epístolas familiares* y de las cinco restantes tres "sont plus ou moins directement d'inspiration guévarienne" (177–78). No obstante, hay momentos, aunque mínimos, de originalidad expresados nuevamente en la manera peculiar de alterar la fuente. Un caso notorio corresponde al tema del matrimonio. Mientras Guevara sentenció "El que presto se casa despacio se arrepiente" (*Epístolas familiares* I.55), don Alonso escribió "El que presto se casa presto se arrepiente,"[18] lo que, más allá de lograr un efecto jocoso (inoportuno, dicho sea de paso, dado el contexto de instrucción del príncipe) nos hace pensar la circunstancia personal del autor que fue casado siendo muy joven, por conveniencia, con una mujer con la que apenas convivió a raíz de sus muchos viajes. Lo reconoce Redondo: "En fin, les transformations observées sont, quelquefois, directement liées à la personalité de don Alonso" (180). A veces don Alonso elimina o cambia la primera o última palabra del dicho para disimular su procedencia. A consecuencia de estos cortes las sentencias se hacen más generales. En otras ocasiones algunas palabras son cambiadas por sinónimos o la estructura de la frase sufre una modificación leve. Rara vez dos sentencias guevarianas se convierten en una sola en el *Libro* de don Alonso. Remito al ensayo de Redondo para revisar estos casos en detalle y ver ejemplos concretos (179–80). Por mi parte, consignaré sólo algunos ejemplos que muestran a don Alonso operando sobre los originales de Guevara[19] de la misma manera que lo hizo sobre la dedicatoria de la *Propalladia*.

Guevara: "El cavallero a de ser cuerdo y no presumir de donoso" (29). Don Alonso: "El cavallero ha de ser cuerdo y donoso." Mucho más acorde, claro, con su personalidad. Como veremos en el tercer capítulo, es precisamente en la conjunción de cordura y donaire que don Alonso cifra su éxito en la corte.

Guevara: "El hombre retraído goza de la vida" (36). Don Alonso: "Al hombre retraído le acortan la vida." Frase que podría llevar como lema este hombre que después de muchos viajes y aventuras ya no se encuentra a gusto en su tierra natal. Y es así de hecho. Crearse un lema o llevarlo impreso es una constante en don Alonso cada vez que empieza una aventura. Cuando parte hacia América nos dice "trayo en las letras de mis vanderas de las capitanías que é tenido, las quales son pardas y unas letras de oro en ellas que dicen asý: 'Quien no teme la muerte goza la vida'" (107b). Cuando parte hacia Alemania escribe estos versos:

> Quanto a lo primero,
> mal dispuesto con un letrero:
> Si açertare o si errare,
> si bibiere o si muriere,
> contento con lo que fuere. (292b)

Guevara: "El mal casamiento nunca se acaba de llorar" (55). Don Alonso: "El mal naçimiento nunca se acaba de llorar." [20] Que es justamente lo que hace nuestro autor a lo largo de su *Libro*, señalando repetidas veces que lo que motiva sus viajes es la necesidad de restituir su patrimonio. Es curioso que este obseso de la correspondencia escrita nunca "traslade" una carta suya a su esposa, o de ella para él. En carta a María de Mendoza dice "quando le escrivo, no es tan copiosamente como esto, sino de amores, como han de hazer los buenos casados" (295b), pero además de esto no hay sino vagas menciones a la esposa a lo largo del *Libro*. En todo caso, don Alonso no debía tener quejas de un matrimonio que le aportó un lugar donde vivir y un patrimonio. No tendría, pues, nada contra el matrimonio, y sí contra su pobre nacimiento.

Si la sentencia "El que presto se casa presto se arrepiente" nos parecía fuera de lugar por su carácter jocoso, hay que decir que no es la única de este tipo. Hay otra transcripción alterada de una sentencia guevariana que busca un efecto cómico y por tanto no debemos descartar la voluntad de don Alonso de hacer sonreír al príncipe. Escribe Guevara: "No ay igual trabajo como yrse a meter uno por puerta de otro" (29) y reescribe don Alonso: "No hay mayor trabajo que meterse hombre por puerta de otro, aunque sea de Cobos," en clara alusión a Francisco de los Cobos, el conocido secretario de Carlos V.

Rainer Goetz ha dedicado un capítulo a don Alonso en su *Spanish Golden Age Autobiography in Its Context* (1994). Aunque subraya la importancia de las misceláneas como influencia sobre don Alonso (107), no entra en detalle y no advierte la relación entre don Alonso y Guevara y menos la del primero con Torres Naharro u otros escritores de la época. Goetz establece una comparación entre el *Libro* y las misceláneas, pero parece basar su afirmación más en la amistad entre don Alonso y Pedro Mexía que en el estudio de la composición del texto mismo, al que considera una suerte de álbum o libro de recortes ("*scrapbook*") cuya discutible unidad apenas se sostiene gracias al componente autobiográfico (107). Aunque señala la existencia de cartas, narraciones y diálogos —los componentes retóricos de toda miscelánea— no profundiza lo suficiente en este aspecto. Nosotros lo haremos a continuación.

## Las cartas

El *Libro* de don Alonso está hecho de diferentes géneros discursivos. Aunque prima la narración como es evidente, también encontramos diálogo, pasajes líricos más o menos extensos y, de manera llamativa, cartas.[21] Son realmente muchas las cartas, escritas por él o recibidas de sus corresponsales, que don Alonso transcribe. Son tantas que en más de una ocasión él mismo reconoce que exagera y se hace el propósito de evitarlas. Más tarde, por supuesto, volverá a hacer uso de ellas. Lo cierto es que para don Alonso, como para todo lector del siglo XVI, la literatura epistolar gozaba de un enorme prestigio. Desde las *Letras* (1476) de Hernando del Pulgar hasta las *Epístolas familiares* de Antonio de Guevara (1539) las cartas se habían mostrado como un vehículo bastante flexible que daba cabida con naturalidad al humor, la reflexión personal y la crítica política. Prácticamente no había tema que no pudiera volcarse en el formato epistolar. Además, Antonio de Guevara, a quien don Alonso debe tanto, había explotado en el *Libro áureo de Marco Aurelio* (1528) las posibilidades de la carta para la literatura de ficción. No es raro entonces que don Alonso recurra una y otra vez a las cartas en la composición de su *Libro*.

La importancia del componente epistolar está asentada desde el preliminar "Al lector" cuando don Alonso declara: "En el qual veréys cartas de nuestro Çésar que oy reina en España para el autor y otras suyas a su Católica y Sacra Majestad y a otras personas, ansí de burlas como de veras" (7). Fuera de las cartas, encarece el contenido y la utilidad práctica de ese contenido. Las cartas como género discursivo ocupan, pues, un lugar especial en el plan general de la obra.

Las cartas son portadoras de novedades, pero también sirven para promover intereses personales. Así, don Alonso escribe para dar cuenta de los hechos que protagoniza y también para movilizar sus "negocios"; en particular, escribe constantemente al emperador Carlos V y a su secretario Francisco de los Cobos, a quien lo une una amistad especial, así como a otros personajes encumbrados de la corte, con el objeto de recordarles que el hábito de Santiago que tanto anhela le corresponde tanto por sus servicios a la corona como por su pertenencia a una familia de abolengo. Sin embargo, es otro el tema que ocupa un porcentaje grande del texto y llena gran parte de las cartas. Se trata de una ofensa de honor de la que se siente víctima. Es ciertamente un asunto que lo obsesiona porque lo reelabora continuamente, en narraciones, diálogos y, sobre todo, cartas.

Son tantas las cartas que hacen alusión a este *impasse* que no está demás detenernos un momento a considerar los hechos para completar la sección que dedicamos antes a la condición airada de don Alonso. En todas las cartas que escribe sobre este enojoso asunto no deja de referirse a su principal enemigo: "el conde don Hernando de Andrada, natural de Galicia" (83a). Mucho trabajo le hubiera costado a don Alonso buscarse un enemigo más poderoso. Para empezar, hubiera tenido que buscar fuera de Sevilla para encontrarlo. Andrada era asistente de Sevilla, es decir, la autoridad principal del cabildo y la persona con mayor influencia en esa ciudad. No es de extrañar que Andrada sea foráneo en Sevilla pues el cargo suponía que no se podía ser natural del lugar donde se ejercía. Era la ley, aunque a don Alonso le doliera sentirse postergado por alguien que no pertenecía a la tierra. La función del asistente era supervisar, por encargo del rey, la administración de justicia. El mismo rey nombraba directamente a los asistentes y los escogía entre miembros del estamento noble. Andrada presidía el cabildo y era la autoridad secular más importante de Sevilla. Además, su cargo suponía una renta bastante elevada.

Ya hemos visto en la carta a Enríquez de Ribera con noticias del Perú (138a–140b) dos alusiones al poder de Andrada que vale la pena ahora repetir en este contexto para tener presente qué era lo que representaba el asistente de Sevilla para don Alonso. Primero, don Alonso denuncia que se aventura a América para "olvidar los tormentos de ese apasionado dragón [Andrada] con sus dragoncillos, hasta en tanto que Dios o el Rey o el tiempo los amanse o a mí endraguezca para que no me tengan ventaja" (138b). Y más adelante: "ymponiéndome al peligro de la mar e ynquietas carniçeras le[n]guas que allá [Sevilla] quedan, que som peores que pésymas hondas; a la[s] quales para el regimiento de combatirme, no les faltava capitán general en vida del dragón Fernando conde, el qual á sido causa de mis travajos" (138b).

El encono entre ambos se remonta a la corte del Emperador donde no sólo se han conocido sino también rivalizado por la estima de los cortesanos como podemos deducir a partir de estas líneas de don Alonso: "y no menos presume él [Andrada] de más gracioso que yo de más valiente" (83a). (Interesante confesión de parte que nos permite apreciar a dos cortesanos que se disputan el favor de los poderosos haciendo gala de gracia y valentía). Debió ser duro para don Alonso ver a quien consideraba su igual en la corte encumbrarse hasta llegar a ser la principal autoridad de Sevilla. Pero eso no sería todo. Las relaciones con Andrada iban a convertirse en un enfrentamiento continuo en esta ciudad. De hecho, encontrados de nuevo en ella, don Alonso le pide que le tenga más "diferençia" [deferencia] (83b) a él que a "un hombre que me quiere mal, e yo no a él bien, que se llama Fulano, que me tiene en poco . . ." (83a). Andrada escucha a don Alonso y le ofrece su respaldo, pero:

> Y dentro de pocos días topó conmigo, viniendo el dicho Fulano con él, y díxome: "Beso las manos a Vuestra Merced, señor don Alonso. No diréys que no os honro." Por donde me mostró no honrrarme por lo que yo merecía syno por la diligençia mía, y aver dado quenta al otro de ello. Y sentí tanto esto que no me pude çufrir dél syn decir mal dél en dicho y en hecho. (83b)

Es pues un asunto de honra el que tanto aflige a don Alonso. El pasaje apenas citado es el recuento que él hace de los hechos al mesonero de Zafra, con el que se embarcará de inmediato en un diálogo acerca del caso y con el que más tarde intercambiará unas cartas también sobre el mismo tema. Dos hechos se combinan: de un lado, el mal carácter de don Alonso, que él mismo reconoce y que exhibe muchas veces a lo largo de su historia; de otro lado, el valor que podía tener para él la honra, en la que hay tanto una dimensión personal —puesto que, aunque empobrecido, se siente orgulloso de su condición de noble— como otra colectiva ya que, como él mismo escribe: "Porque en esta çiudad [Sevilla] se á de mirar mucho en esto [honra]" (83b).

Era importante reseñar este *impasse* porque será materia de diversas redacciones a lo largo de todo el *Libro*. Muchas cartas versan sobre este tema, algunas muy serias y otras que ceden al humor. Hay algo en la naturaleza de don Alonso que lo empuja hacia este tipo de situaciones. Después de llegado a América, tan sólo en cuatro años ya habrá encontrado un nuevo enemigo con quien batallar judicialmente casi hasta el final de sus días. Este otro Hernando, Pizarro, ocupará el lugar de Andrada y será motivo de muchas cartas de don Alonso en la segunda parte de su obra.

Un pasaje inconcluso del preliminar "Al lector" nos dice de su texto "Es repartido en [en blanco] libros" (7). Don Alonso murió sin darle forma definitiva a su obra. Aunque diversas secciones, más o menos extensas, llevan sus títulos, no hay un criterio definido de organización del material. Antes hemos visto que tiene sentido hablar de dos partes: antes y después del viaje a América. No tenemos noticia de cómo hubiera querido don Alonso "repartir" su *Libro* en distintos "libros." Las cartas podrían ser un criterio de división en tanto que muchas veces van ellas y sus respuestas juntas o un grupo de cartas se refiere claramente a un asunto concreto. Habría sin duda pasajes problemáticos como la larga carta-informe —"cuenta" (80b) la llama don Alonso— dirigida a Cristóbal de Mexía (80b–128a). Es un largo informe sobre sus pendencias con Andrada y Tello, probablemente el Fulano (83a) al que hemos hecho alusión antes, y de los múltiples problemas que hacen que salga de Sevilla y se decida a pasar de España a América. El informe incluye el diálogo con el mesonero de Zafra y otros diálogos menores, así como narración y muchas cartas que vuelven una y otra vez al tema de su honra herida. La obsesión por el tema se hace bastante evidente en esta sección. Don Alonso mantiene el tema como un motivo constante a lo largo de todo lo que escribe antes y aún después de embarcarse hacia América. Este largo informe dirigido a Cristóbal de Mexía se extiende a lo largo de 48 páginas de la edición a doble columna de la BAE.

Las cartas son valiosas para don Alonso. Aunque las anuncia "de burlas como de veras" (7), todas son presentadas como transcripciones —"traslados"— fieles de originales. En el informe que dirige a Cristóbal de Mexía, le advierte a este: "como veréys en los traslados de las cartas que é ynbiado e me an ynbiado, los quales traslados dellas, bien y fielmente, letra por letra, *de verbo ad verbum*, pongo aquí . . ." (93a, itálicas en el original). Escribir cartas es un ejercicio que ocupa buena parte de su tiempo. No deja de escribir durante sus viajes y, estando retirado en su casa, las escribe con más frecuencia. Muchas de ellas pasan a la redacción de su *Libro*. Una animada escena doméstica, de las muy pocas que se leen en su historia, termina así: "Y no menos gasto mi tiempo en recibir cartas y respondellas, las quales son estas que se siguen, e de mí respondidas" (118b).

Como ya adelantamos, don Alonso es consciente de que exagera con la cantidad de cartas que transcribe. Por eso no es raro que nos encontremos un pasaje como el siguiente en el cual don

Alonso se hace el propósito de abandonar la práctica: "En este tiempo [1536] y en esta tierra [el Perú] me llegaron carctas de la mía e de mis señores y amigos y parientes, las quales no pongo aquí, porque no pienso poner más cartas en este libro, porque todo el axuar dél no sea cartas" (151b). No podía sospechar don Alonso que su cercanía a Almagro complicaría tanto su vida en el futuro inmediato. La necesidad de explicar su posición durante los enfrentamientos entre los conquistadores del Perú, Francisco Pizarro y Diego de Almagro, y más tarde el largo proceso judicial que lo enfrentaría a Hernando Pizarro no hicieron sino aumentar las cartas y documentos que el atribulado don Alonso se sentía en la necesidad de ofrecer a sus lectores.

Así, tendrá que corregir su rumbo y dar cabida nuevamente a las cartas. En clara alusión al pasaje que acabamos de citar, don Alonso escribe:

> Y aunque no pongo aquí todas las cartas, porque tengo dicho que no quiero ser prolixo en ellas, porque tengo puestas muchas y no quiero ocupar éste [¿libro?] con cartas, áme pareçido después poner algunas que no se pueden escusar, asý porque en ellas se yncluyen palabras que ansí como ansí se abían de screvir, como por mostraros a hazello, porque alguno las leerá que no las sabrá hazer tan bien, aunque muchos no lo abrán menester, que me harán mucha bentaja. (166ab)

Hay entonces algo más que el prestigio del género epistolar. Las cartas ciertamente son el vehículo a través del cual don Alonso manifiesta a sus corresponsales y a los lectores sus hechos así como los criterios con los cuales esos hechos deben ser juzgados. Ya hemos visto cuán importante es la honra para don Alonso. Es por eso que las cartas son necesarias; son ellas las que permiten dejar constancia de su valía. Don Alonso establece su honra a través de la práctica epistolar. No olvidemos sus palabras: "Porque en esta çiudad se á de mirar mucho en esto [honra]" (83b). La ciudad es Sevilla y sevillanos son la mayoría de sus corresponsales.

Si bien las cartas sobre sus líos con Andrada y Tello y las que se refieren a su larga espera por el hábito de Santiago son las más, también hay cartas sobre otros asuntos. Hemos hecho referencia a las cartas con noticias, como la que escribe a Enríquez de Ribera con sus primeras impresiones sobre el Perú, que ya comentamos. Las hay de despedida, coma las que escribe en el barco que lo llevará a América mientras espera la hora de zarpar. Otras cartas tienen un contenido que se presenta una única vez, como el relato del desafío que hace don Alonso, cuando es Capitán General de Ibiza, a Barbarroja y la respuesta de este (34a–35a); la carta de consolación que escribe a Juan Ramírez Çigarra (111b–112a); la carta que escribe desde el Perú al duque de Medina Sidonia, a quien dedica el *Libro*, porque le han contado que el duque ha dicho que no es su pariente (213a–215a), a la que sigue una de un "cavallero antiguo" a quien don Alonso había escrito para pedir información sobre su linaje y confirmar su parentesco con la casa de Medina Sidonia (215ab).

Otra conclusión que debemos sacar de la última cita es que don Alonso tenía en mente un valor añadido para su *Libro*: servir como modelo de cartas. El siglo XVI está lleno de tratados sobre el tema y saber escribir una carta era una parte importante de la educación de un cortesano. De Pizarro y Almagro nos dirá "No saben leer ni escrevir ni firmar" (139ab).

## Otra versión de "El villano del Danubio"

Con unanimidad la crítica juzga el razonamiento del villano del Danubio como el pasaje más célebre de la obra de Antonio de Guevara. Los principales críticos de la obra de este autor lo han comentado y, aunque sus interpretaciones no han sido las mismas, la mucha atención recibida es testimonio del éxito que ha acompañado a esta pieza desde su temprana circulación en forma de manuscrito hasta el día de hoy (ver Wiltrout, por ejemplo). La primera versión conocida del episodio es la que Guevara publicó en el *Libro áureo de Marco Aurelio* (1528) aunque, claro, circuló antes de llegar a la imprenta como veremos pronto y probablemente separado del resto de la obra. Una segunda versión, ampliada, es la que publicó Guevara en el *Reloj de príncipes* (1529). Según los avatares de la crítica, el episodio ha sido leído como una parábola acusadora de las injusticias de la empresa colonial española en América (Américo Castro en 1945 y 1967)[22] o como una crítica contra la Inquisición (Stephen Gilman en 1965). En esta ocasión no pienso argüir por una u otra de estas interpretaciones; sólo discutir la utilización que de ella hace don Alonso en su *Libro*. Veremos, sin embargo, que la lectura de don Alonso favorece la tesis de Castro.

Pero, ¿qué versión leería don Alonso? ¿La del *Libro áureo* o la del *Reloj*? Por el uso que hace de ella pienso que la segunda. Es esta segunda versión la que debió conocer don Alonso. Dos razones me hacen pensar así. Primero, que Guevara sustituyó el *Libro áureo* con el *Reloj*, por lo que sería más fácil en 1540, cuando don Alonso regresa a España, acceder a la versión revisada. Segundo, y más importante, porque en su amplificación de 1529 el episodio del villano del Danubio se acompaña de una serie de críticas al mal gobierno de las autoridades romanas en la Germania. A diferencia de la versión breve del *Libro áureo*, la del *Reloj* nos presenta largos capítulos en los que se habla de jueces y gobernantes injustos. Don Alonso, como puede verse en su *Libro* (162ab), elabora su propia versión del episodio justo en el momento en que declara las injusticias y excesos cometidos por Hernando Pizarro en el Perú. Don Alonso no sólo reelabora el conocido episodio sino que lo sitúa en un contexto similar a aquél en que aparece en el *Reloj*: la crítica de la administración de justicia en el espacio colonizado. Lector aprovechado de Guevara, don Alonso encuentra el momento oportuno para imitar a su maestro.

Don Alonso introduce así su versión: "Yendo el governador [Francisco Pizarro] a esto susodicho, le salió un yndio capitán con dos mill yndios e le hizo un razonamiento mejor que os sabré contar, que me quiso pareçer al del villano del Danubio al senado" (162a). Cuando uno sigue leyendo resulta que no se "parece," más bien es el villano del Danubio listo para presentar sus quejas sobre la administración colonial. Este capitán se refiere a Pizarro como a *apo* ("señor," en quechua) y, a través de él, al "grande *apo* de Castilla" ("por el Emperador," aclara don Alonso). El pasaje es bastante breve y sin embargo logra introducir en pocas líneas el tipo de crítica sobre el funcionamiento de la colonia que recibiría mayor atención por parte de las autoridades; es decir, aquella crítica que apunta a los inconvenientes para pacificar la población sometida. Veamos un fragmento:

> Y aunque á sido alguna causa [para mi rebelión] mi Çapayuga [Cápac Inca, el jefe que lo induce a rebelarse], que es mi

> solo señor, no bastara, si no fuera los muchos agravios que después que entraron los cristianos en esta tierra emos reçibido. Y no te deves maravillar . . . porque de antes héramos señores e agora somos esclavos. No salamente an querido los cristianos que les sirvamos como nos serbíamos, el cavallero como cavallero, el ofiçial como ofiçial, y el billano como villano, sino que todos nos hacen unos. Todos quieren que les traygamos las cargas a cuestas, que seamos albañíes y les hagamos las casas, que seamos labradores y les agamos las sementeras. Mira si á sido razón que se nos haga de mal y que seamos perdonados. Y tú de nuevo nos des orden e remedio como bibamos. (162ab)

A juzgar por los hechos que preceden a este episodio, podemos decir que ocurre en 1537. Curiosamente no es la primera alusión al personaje de Guevara en el Nuevo Mundo. Le antecede una mención hecha por el licenciado Vasco de Quiroga en un memorial dirigido a Carlos V desde México y fechado el 24 de julio de 1535. La mayoría de los críticos que se han ocupado del episodio en Guevara mencionan este memorial. El fragmento resulta de interés porque revela una relación entre Quiroga y el Emperador que me parece análoga a la que se establece entre este y don Alonso. Cito a Quiroga:

> Las lágrimas y buenas razones que dijo [un indio] y propuso, si yo las supiera contar, por ventura holgára vuestra majestad tanto aquí de las oir, y tuviera tanta razón después de las alabar, como el razonamiento del villano del Danubio, que una vez le vi mucho alabar yendo con la córte de camino de Búrgos á Madrid, ántes que se imprimiese, porque en la verdad parescia mucho á él y va quasi por aquellos términos, y para le decir no había por ventura ménos causa ni razón. (153)

Queda confirmada una vez más la fama del episodio y su temprana circulación, así como la ratificación de que se alude al contexto colonial americano. Como Quiroga, don Alonso quiere también tomar en cuenta el favor de que gozaba esta historia en la corte, en especial con el Emperador. Sorprende que estos dos personajes, que probablemente coincidieron en la corte de Carlos V, aludan a la distancia y casi al mismo tiempo a un mismo texto. Es una prueba de que fueron marcados por la experiencia cortesana. Para don Alonso, y por qué no decirlo, también para

Quiroga, vale el mismo juicio de Stephen Gilman sobre Guevara en el sentido de que la figura del Emperador es un medio a través del cual se llega a los demás lectores (175).

Don Alonso entonces tiene un interés por apropiarse tanto de los contenidos como de los modelos estructurales de uno de sus libros favoritos: las ya mentadas *Epístolas familiares* (1539) de Antonio de Guevara. En menor medida, hace lo mismo con Pedro Mexía, a quien recordaremos una vez más al mencionar otro modelo textual que don Alonso toma prestado de sus contemporáneos: el diálogo. Un solo ejemplo, pero bastante extenso y bien logrado, es el diálogo que sostiene con el mesonero de Zafra, donde el autor "presenta su material en la forma de un diálogo dramático, a la manera de los diálogos de Pedro Mexía" (Keniston xlviii). De menos extensión son sus diálogos con un fraile franciscano (72a–75a) y otro con Juan Puertocarrero, conde de Medellín. A todos —filósofo, religioso y noble— habla don Alonso sobre el tema obsesivo de la deshonra de la que se siente víctima.

La variedad en lo escrito viene dada pues por la inclusión de diversos modelos estructurales: epístola, diálogo, narración, todos ellos componentes característicos del género de las misceláneas. Esa variedad además viene reforzada por la ya vista acumulación de elementos diversos que aparecen una y otra vez a lo largo del relato. En palabras de Keniston, don Alonso "procura dar vida a su relación con anécdotas, reflexiones morales y otros materiales añadidos, como su descripción de los cuatro mares del mundo o su comentario sobre las características de las naciones europeas" (xlviii).

Para Keniston, estos rasgos distintivos de las misceláneas se contradicen abiertamente con algunas no características, sino limitaciones, de nuestro autor. Nos dice que don Alonso es en general poco observador, que le interesan más los hechos y cómo éstos influyen en su vivir. Lo mismo de las personas: habla más de la personalidad que del aspecto físico; y aun así le interesan más los trajes que las personas. Aunque contempló muchas geografías y climas, dictamina el editor, es insensible a la belleza del paisaje natural (xlix). Pienso distinto. Don Alonso sí hace descripciones de personas y paisajes. Difícilmente abandona el tema central del *Libro* —es decir, lo que a él le acontece— pero en general sí es observador de tipos físicos y psicológicos. Elide

Pitarello ha señalado convenientemente que si bien don Alonso no tiene necesidad de describir los escenarios europeos de sus primeros desplazamientos, una vez llegado a América siente la urgencia de describir la nueva geografía que se revela frente a sus ojos (179).

## Los retratos

Contra la opinión de Keniston, pienso que don Alonso muestra una habilidad especial para el retrato literario. No se extiende demasiado en el retrato de ninguno de los muchos personajes que pueblan la historia de su vida, pero las imágenes que traza de algunos de ellos suelen ser muy expresivas. En algunos casos los retratos se caracterizan por su sarcasmo y llegan al insulto. En otros casos un humor moderado los tiñe de humanidad. Llaman la atención los retratos compasivos de Atahualpa y Almagro por la nobleza que se aprecia en los retratados y por el sentimiento solidario con que don Alonso los describe y narra sus muertes.

Para María Rosa Lida, el "arte de la semblanza pintoresca" ("Fray Antonio" 354) es una de las características principales de la obra de Guevara, ya que resume su concepción de la historia. En palabras de Lida: "lo que para él cuenta de veras, es el molde de las *Generaciones y semblanzas* [de Fernán Pérez de Guzmán] o de los *Claros varones* [*de Castilla* de Pulgar]: la vida sin historia, soporte de ejemplos morales (o inmorales), de animadas anécdotas, de dichos ingeniosos, de cartas imaginarias" ("Fray Antonio" 354). Exactamente lo mismo podríamos decir de don Alonso. Sus retratos no pretenden ser parte de un discurso historiográfico —son muchas las veces en que distingue su "vida" de una "corónica"— sino adornar el relato con breves pinceladas biográficas, que son como viñetas puestas ahí para recrear al lector.

El retrato puede ser físico o moral. Rara vez de ambos tipos. La mayoría son extremadamente positivos, como los de Enríquez de Ribera (59b–60a) o el del joven príncipe Felipe (185a), o extremadamente negativos, como el de Hernando Pizarro (155b) o el de Alonso de Alvarado (158b). Las circunstancias particulares de la relación de los retratados con don Alonso salva por lo general a los retratos de caer en lugares comunes. El insulto suele ser implacable (sobre Alvarado: "enbió [Pizarro] a la [gente] del Cuzco quinientos hombres con un capitán montañés y neçio, caveçudo y sin medios ni remedios, como adelante veréis: su nombre Alonso de Alvarado," 158b) y a veces también deliberadamente cómico (sobre el fiscal que lleva su acusación en el Consejo de Indias: "En lo qual contra mí no dormía el rapaz viejo ruyn del fiscal, el qual se llamava licenciado Villalobos, y el gesto de berengena curtida en binagre, buscando testigos e haziendo acusaçiones contra mí," 184b).

Más interesantes son los retratos más realistas que nos permiten conocer a los personajes retratados de una manera distinta a como aparecen en la historia. Destaquemos los retratos que don Alonso hace de Francisco Pizarro y Diego de Almagro, de un lado, y de Atahualpa, de otro. De los primeros se refiere así:

> Este thesoro [el peruano] se á de aver de esta manera; y lo devo de contar, asý porque así me paresçe cosa encantada y ansý creo se descubrió por voluntad de Dios sin ayuda de vezinos, como porque aunque son honrrados hombres los compañeros governadores Piçarro e Almagro que lo descubrieron, heran dos pobres hombres que con sus bateas sustentavan sus vidas y bivían contentos. E aunque acá sean casi reyes y puedan dar más que todos los del mundo juntos, porque cada día hazen merçed de diez e veynte y quarenta mill vasallos, con otros tantos ducados de renta, ríos e valles, etc., andan como dos pobres compañeros en sustançia y en aparieņçia. No saben leer ni escrevir ni firmar. (139ab)

Por su extensión y fondo humano sobresale el retrato de Atahualpa. A diferencia de otros casos, don Alonso no es testigo directo de la captura y muerte del soberano Inca: "Esto aunque no lo ví, podéislo creer, porque llegué al atar de los trapos . . ." (146b). Sin embargo, es tanto el detalle que da que es fácil suponer que esta historia lo había conmovido, y seguramente que no sólo a él puesto que debió recibir la información de otros. De este soberano nos dice: "El qual Tavalica [Atahualpa], quando de los cristianos fue preso y muerto, sería de hedad de veynte e ocho o treynta años, bien dispuesto, de mediana estatura, algo gordo y carirredondo, blanco y gentillhombre" (144a). El retrato es siempre favorable: "Y hera tan agudo que en veynte días supo la lengua de los cristianos y jugava al axedrez y al aniquín en los naypes. Hera tan graçioso y cortesano como a la postre veréys, de que os aya contado su prinçipio y os cuente su fin" (144a). Solamente Diego de Almagro merece tan halagadoras palabras, lo que nos dice mucho de la simpatía que despertaron estos dos hombres, jefes ambos, que pasaron por los avatares de la guerra de gobernar a ser prisioneros y luego a ser ejecutados.

* * *

Podemos concluir que la importancia del componente epistolar y la confianza total en que la variedad temática asegurará el éxito del libro vienen del trato directo que don Alonso tuvo con dos de los escritores más leídos e imitados del Siglo de Oro español: Antonio de Guevara, autor de *Epístolas familiares*, y Pedro Mexía, autor de *Silva de varia lección*; los dos conocidos y amigos de don Alonso. Antonio de Guevara menciona a don Alonso en alguna de sus cartas y lo hace con humor (I.10); el tipo de humor que es habitual entre amigos que se han tratado mutuamente en la corte. Con la misma confianza, don Alonso toma pasajes de la obra de Guevara para adornar su propio libro y encima se permite muchas veces retocarlos para adaptarlos a su humor o a alguna situación concreta, como ha demostrado cabalmente Redondo.

La amistad con Mexía se explica no sólo por el hecho de ser él y don Alonso vecinos de Sevilla sino por la relación epistolar que los une. Además de las cartas, sin embargo, hay un hecho concreto que nos dice mucho de su amistad. En la corte, cuando don Alonso lucha por una posición de confianza al lado del príncipe Felipe, ofrece a este un ejemplar de la *Silva de varia lección* junto a una recomendación para motivar la lectura real del libro. También le ofrece una copia de la *Historia imperial y cesárea* (1545), que Mexía ha dedicado al joven príncipe. Es el momento de su apogeo como cortesano; es el año 1545, ha resuelto sus problemas con el Consejo de Indias y Hernando Pizarro, y está cerca del príncipe Felipe y de sus hermanas las infantas. Con ellos se reúne y se escribe continuamente. En dos ocasiones le presenta don Alonso al joven príncipe algo que leer: los dichos tomados de las *Epístolas familiares* y la *Silva*, cuya lectura le recomienda encarecidamente. Por cierto, ni Mexía ni su *Silva*, uno de los libros más leídos, traducidos e imitados del siglo XVI, necesitaban de esa recomendación, mucho menos del espaldarazo de un hombre de pocas letras; sin embargo, no deja de ser interesante para nosotros esta prueba de amistad entre los dos sevillanos y esta confianza de don Alonso en que el joven Felipe va a disfrutar de la miscelánea.

Es en esta doble apropiación del material ajeno, a la vez de la cita tomada en préstamo y de la imitación del modelo estructural para la construcción del propio proyecto autobiográfico, donde concentro mi interés. Sin duda es la imitación del modelo estructural lo que aquí me interesa más. Las misceláneas españolas de mediados del siglo XVI tuvieron mucho éxito tanto en su formato de narraciones breves (Mexía) como en forma de colección de cartas (Guevara). Don Alonso no se propuso escribir una miscelánea, como muchos admiradores de la *Silva* de Mexía o de las *Epístolas* de Guevara; más bien quiso usar estos libros como modelos formales del suyo propio, que tendría un tema muy concreto: la historia de su vida. Este es el tema que paso de inmediato a considerar en la parte final de este estudio.

**Capítulo tres**

# El *Libro de la vida y costumbres* y las misceláneas

Sabemos que don Alonso empieza a escribir su *Libro*, o al menos los textos que pasarán más tarde a formar parte de él, cuando sale de su hogar en Sevilla a los 19 años de edad —es decir, hacia 1518–19 —y no deja de añadir materiales hasta 1547, cuando misteriosamente desaparece sin dejar huella alguna.[1] En 1534, mientras cruza el océano en busca de las riquezas americanas, da muestras de tomar conciencia de la importancia de su proyecto libresco con miras a mantenerse de alguna manera presente entre los nobles y cortesanos de Carlos V, de quienes se siente parte. Como sostuvimos en el capítulo anterior, la experiencia del viaje a América significa para don Alonso valorar el potencial de aquello que escribe. Tratándose de una persona para quien estar en la corte significaba tanto, el libro con sus "acaeçimientos" era la única posibilidad de seguir estando presente a la distancia. Es así que escribe una dedicatoria a Juan Alonso Pérez de Guzmán y recurre a las cartas como un modo de actualizar constantemente esa presencia suya —esto es, su *Libro*— en la corte.

Estoy convencido de que don Alonso empieza a darle a su *Libro* la forma que hoy tiene motivado por un cambio radical en su vida: su salida de España y decisión de atravesar el Atlántico para llegar a América. La redacción de esta dedicatoria a favor de Juan Alonso Pérez de Guzmán, duque de Medina Sidonia, y la fecha y lugar que ahí aparecen,[2] así como el cotejo de documentos oficiales relativos a sus desplazamientos, nos muestran que empieza a vislumbrar el potencial de sus varios escritos para componer un libro al mismo tiempo que empieza la más ardua de sus aventuras: la de indiano.

El propósito proclamado en el preliminar "Al lector" de imitar a Julio César se enfrenta con continuos préstamos de la lírica, popular o culta. Y el resultado de ello es que don Alonso se nos presenta como un escritor improvisado que vacila entre la imagen del estratega romano y la imagen más personal que ha encontrado en la literatura en general y la poesía en particular. La primera es una imagen que le satisface al mismo tiempo que responde a la presión social que espera de él hechos heroicos; la segunda nos habla del hombre arrojado a la aventura por el mero placer de ella pero que es consciente del peligro que acecha. Al principio estos dos polos nos explican las oscilaciones del, primero, asustado marinero y, luego, improvisado conquistador, que escribe la historia de su vida no necesariamente con acuerdo a los modelos mencionados —la poesía que siempre recuerda y cita; Julio César, a quien menciona explícitamente— sino más bien reuniendo un conjunto disímil de materiales. Estos materiales debían informar sobre sus viajes y guerras, las personas que había conocido y la experiencia acumulada (que ahora puede presentar a manera de conocimiento práctico) pero, sobre todo, debía entretener a sus lectores —o, es lo mismo, sus corresponsales— cortesanos y al hacerlo dejar sentado que al ser uno de ellos goza de estima social.

En la base del *Libro* está, pues, una relación personal que el autor establece con la literatura. Hemos visto en el capítulo anterior que don Alonso lleva en la memoria un conjunto de materia lírica que aflora una y otra vez en su prosa. Las palabras de la poesía que recuerda son injertadas con frecuencia en su discurso, donde encuentran su lugar con naturalidad. Por momentos, don Alonso deja de lado la prosa y se pone a hacer "trovas"; pero la poesía no es lo suyo. Es más original injertando el verso en su prosa. Cada hecho decisivo en su vida puede expresarse a través del recuerdo de unos versos o, más creativamente, transformando el sentido original de esos versos (o haciendo una "glosa" de ellos). Los villancicos, los romances, los libros de caballerías, etc., todos son discursos que él puede malear y adaptar a las circunstancias propias de su vida.

Esta acumulación de materiales debió llevar casi naturalmente a que el *Libro* de don Alonso adquiriera el perfil de una miscelánea; y digo "casi" porque la presencia de misceláneas y de libros llenos de variedad, formal o temática, proponía un modelo al alcance de nuestro autor. Además, en palabras de Marcel Bataillon, en el siglo XVI español todo libro "corría el riesgo de convertirse en una miscelánea" (636). Ya hemos visto que no hay evidencia para juzgar a don Alonso como un cultor serio de la literatura, pero sí la hay para señalar su familiaridad con importantes autores del siglo XVI, como Bartolomé de Torres Naharro, de quien toma en préstamo fragmentos de extensión significativa para reelaborarlos o modificarlos de una manera muy personal. Mayor es su dependencia con respecto a Antonio de Guevara, de quien no solamente toma material prestado, sino que también queda bastante claro que el obispo de Mondoñedo representaba para él un modelo de vida a imitar. Hacerse un lugar en la corte a base de escribir textos de entretenimiento era sin duda parte del programa adoptado por don Alonso siguiendo el ejemplo de Guevara. Finalmente, Pedro Mexía es también un escritor en el que don Alonso se apoya con frecuencia. No sólo porque ofrezca en su *Libro* noticias curiosas como las de la *Silva de varia lección*, sino además porque Mexía aparece, a través de cartas dirigidas por él a don Alonso, como una voz autorizada que determina el valor de la persona y el libro de su interlocutor, como veremos más adelante con detalle.

Entre 1539 y 1540, la aventura indiana de don Alonso tiene un fin violento: acusado de ser un instigador de las rivalidades entre los conquistadores del Perú Francisco Pizarro y Diego de Almagro, que condujeron a la muerte de este último, es requerido desde la Península para dar razón de su participación en los hechos. Es significativo que don Alonso regrese a España justo cuando Guevara con sus *Epístolas familiares* y Mexía con su *Silva* dominan la escena literaria. Con ambos tenía trato y tuvo sin duda que conocer los libros que sus contemporáneos tanto leían y comentaban. Incluso pasó un tiempo en la cárcel, que seguramente aprovechó para leer y escribir. Keniston (xlviii) alude al prestigio del género epistolar para explicar el gusto de don Alonso por las cartas, pero sospecho que el ejemplo cercano de Guevara es una explicación suficiente. Conjeturas aparte, lo cierto es que don Alonso cambia su modo de escribir a partir de su paso por la cárcel y la amarga experiencia de los juicios en los que tiene que defenderse de las acusaciones ya dichas o, cuando pasa de acusado a acusador, para vengarse del maltrato de Hernando Pizarro o para vengar en este la muerte de Almagro, un hecho que evidentemente lo afectó mucho.

Lo principal en la segunda parte del *Libro* es la acumulación cada vez mayor de cartas y de documentos relativos a sus juicios. Más de una vez reconoce que ya son demasiadas las cartas y ofrece dejarlas de lado para de inmediato volver a ellas. Pienso que el éxito de Guevara reforzaría el gusto que don Alonso ya tenía por este género; además el éxito de las *Epístolas familiares* era la prueba palpable de que la acumulación de cartas no desmerecía necesariamente un libro.

Otra explicación se nos ofrece: la experiencia judicial puede también haber determinado que don Alonso se viera en la necesidad de aportar cartas y otros documentos como testimonio de su inocencia. Los lectores serán jueces acaso más importantes puesto que no sancionarán su culpabilidad o inocencia frente a los hechos materia de juicio, sino que asegurarán la fama y buen nombre del autor y fijarán un retrato permanente para la posteridad.

## La variedad como consigna

La *Propalladia* (Nápoles, 1517) de Bartolomé de Torres Naharro contiene diversas composiciones poéticas y comedias. Estas últimas aumentan en número en sus sucesivas ediciones. Los poemas son de diverso tipo: capítulos, epístolas, romances y canciones y, para añadir más variedad, en los poemas y en las comedias se usan muchas lenguas además del castellano: latín, italiano, francés, portugués. En palabras de Torres Naharro, el sentido del título es el siguiente: "Intitulélas *Propalladia, a prothon, quod est primum, et Pallade, id est, prime res Palladis,* a differencia de las que secundariamente y con más maduro estudio podrían succeder" (7, itálicas en el original). O, en palabras de su editor moderno Pérez Priego, "ejercicio preliminar o primeros ensayos dedicados a Palas" (xii–xiii).

El deleite del lector, que para don Alonso es tan importante, es visto por Torres Naharro a través de la metáfora de un banquete en el cual la diversidad de los alimentos se estructura en función del conjunto. Así organiza Torres Naharro su material:

> La orden del libro, pues que ha de ser pasto spiritual, me paresció que se devía ordenar a la usanza de los corporales pastos, conviene a saber: dándoos por antepasto algunas cosillas breves, como son los Capítulos, Epístolas, etc., y por principal cibo las cosas de mayor subyecto, como son las comedias, y por pospasto ansí mesmo algunas otras cosillas, como veréis. (7–8)

Esta variedad que se ofrece al disfrute del lector es un aspecto que está presente en las misceláneas que con tanto éxito Antonio de Guevara y Pedro Mexía publican en 1539 y 1540. En las noticias que ofrece don Alonso sobre los países que conoce y las costumbres de sus gentes reconocemos la característica más importante del género de las misceláneas: transmitir noticias sorprendentes y ofrecer información sobre temas diversos. En esto don Alonso se acerca bastante al género. De hecho, podemos sacar de su *Libro* páginas que podrían figurar en cualquier miscelánea, como sus notas sobre los curiosos peces voladores (129a), la enumeración de los mares del mundo (162b–163b), la descripción del carácter de las distintas nacionalidades (292a) o esa noticia sorprendente de un granero donde se guarda trigo de 206 años de antigüedad en buen estado (301b). Transcribo esta última noticia a modo de ejemplo que valga por todos esos momentos en los cuales el *Libro* de don Alonso se nos descubre como una miscelánea:

> Y por dar quenta general a Vuestra Merced, por su curiosidad y por deseo y obligación que yo tengo de serviros y agradaros, e porque la copia desta epístola se ha de poner en el *Libro de mi bida*, le ago más saber, aunque sea de admiraçión y prohibido y fuera de propósito y buen estilo, pues la materia es diferente y manjares comunes suelen dar buen gusto mudándose de lo mexor a lo no tal, que bí y supe en realidad de berdad que en una gran villa de Alemaña que se llama Norunberg ay depósito de trigo de duçientos y seis años, sano y bueno, sin mal olor ni sabor, porque comí pan dél en la mesa del señor duque de Alba. Queriendo saber cómo se sostiene, dixeron que cada mes lo desarriman de una pared de tabla y lo arriman a otra, rebolviéndolo con palas. Hes un trigo menudo y tanto calor haçe allí en berano como en Sevilla. (301b)

Tres cosas que resaltar. Primero, el valor de la noticia, pues se trata de una noticia que deja deslumbrado a don Alonso, tanto, que debe interrumpir la carta que escribe para dar cuenta del hecho ("de admiraçión") a pesar de que este no tiene nada que ver con la materia de la que escribe en ese momento. Fingido o no, el entusiasmo con que se transmite la información debía estar dirigido a captar el interés del destinatario y, a través de él, el de todos los lectores potenciales de esa carta. Este es un interés que don Alonso comparte con los autores de misceláneas. Lo encontramos en Guevara, que atribuye las preguntas que motivan su tarea de escritor a personajes de relevancia social o, en otros casos, afirma con evidente pose que la importancia de la materia o la necesidad de discutirla le fuerzan a dejar de lado la severidad propia de su hábito o de su posición en la corte. Está también en Mexía, que constantemente invita a los lectores a sacar sus propias conclusiones o a tomar partido entre dos posturas o tendencias. El entusiasmo por aquello que se escribe es propio de las misceláneas y está también presente en el *Libro* de don Alonso.

Segundo, en el contexto de una relación sobre hechos de guerra en los que toma parte directamente el emperador Carlos V, la alusión a un tema tan pedestre como el trigo constituye un descenso estilístico ("fuera de propósito y buen estilo"). Sin embargo, de la misma manera que en las misceláneas, la humildad del tema no es óbice para que su novedad o sorpresa lo redima de su bajeza y le permita encontrar un lugar al lado de temas de mayor relieve. Para lograr este propósito, don Alonso recurre a una explicación metafórica no del todo ajena a la de Torres Naharro: se disfruta más cuando se alterna un manjar exquisito con otro vulgar, así, aunque humilde, este trigo excepcional contribuirá a enriquecer la fruición de la lectura.

Tercero, el destinatario de la carta es nada menos que Pedro Mexía. De todos los fragmentos típicos del género de las misceláneas, este es el único que se acompaña de una justificación. Es significativo, me parece, que el destinatario de esta carta escrita en 1547 sea precisamente el autor de la ya exitosa *Silva de varia lección*, el mismo libro que tres años atrás don Alonso ha entregado al príncipe Felipe por encargo de su autor (274ab). Sin duda, don Alonso sabe que su interlocutor sabrá apreciar ("por su curiosidad") y saborear ("deseo y obligación que yo tengo de serviros y agradaros") este breve pasaje.

El uso de la palabra *curiosidad* no debe pasar desapercibido cuando se habla de las misceláneas. Desde el siglo XVI, *curiosidad* es "Deseo de saber y averiguar alguna cosa" y *curioso* el "[q]ue trata una cosa con particular cuidado y diligencia" (Alonso). Para Covarrubias prevalece una connotación negativa del término. Su definición de *curioso* es ésta: "El que trata alguna cosa con particular cuidado y diligencia, y de allí se dijo curiosidad, *vel a curia*, o del adverbio *cur*; porque el curioso anda siempre preguntando ¿Por qué es esto, y por qué estotro?" (itálicas en el original). Finalmente, entre las muchas acepciones recogidas en el *Diccionario de autoridades*, encontramos dos bastante cercanas al propósito de don Alonso en el pasaje que comentamos y que se pueden extender a los autores de misceláneas en general. Dice así: "Con curiosidad, con deseo, o apetito de saber y averiguar las cosas . . . Deseo, gusto o apetencia de ver, saber y averiguar las cosas, cómo son, suceden, o han pasado." Y para *curioso*: "Se llama también el que trata las cosas con diligencia, o el que se desvela en escudriñar las que son muy ocultas o reservadas." Ser curioso, en definitiva, es un rasgo de carácter que Mexía y don Alonso comparten. Es por eso que don Alonso, con complicidad, envía esta noticia, esta pieza de *mirabilia*, a su amigo sevillano. Está de más decir que el adjetivo identifica con precisión a autores y lectores de misceláneas; con lo que tenemos una nueva explicación del gran éxito de difusión de este género: la comunicación cómplice abierta entre los autores y sus lectores.

En general, la importancia de este pasaje sobre el trigo de 206 años consiste en que revela a la vez la concepción y la práctica de la miscelánea en don Alonso. O, lo que es lo mismo, la manera cómo produce y valida su discurso. Esta validación del contenido de su *Libro* por un escritor más importante que él no es un hecho aislado sino un hábito que don Alonso practica sistemáticamente, como insinué antes y espero demostrar a continuación. Lo vimos al comentar el diálogo con el mesonero de Zafra, hombre sabio ("me pareció filósofo," 82b) con quien discute los pormenores de la afrenta de honor de la que se siente víctima. Esta cercanía a hombres sabios se aprecia de manera más clara en esta su relación con Mexía y con el licenciado Monardes, de quien hablaremos al final de este capítulo.

No es el pasaje comentado la primera vez que don Alonso encuentra en Pedro Mexía a un interlocutor o un apoyo para validar sus palabras. Son varias, y de diverso tipo, las cartas que a él le dirige y son más bien pocas las que Mexía dirige a don Alonso. Una hay que me interesa en particular porque en ella Mexía comenta un grupo de cartas que don Alonso le hace llegar. El comentario es este:

> Ví las cartas del señor don Pedro de Córdova y la que Vuestra Merçed escrivió a la señora Ynfanta y la que os escrivió la señora doña Graida; y en verlas y leerlas reçibí gran deletaçión. La de Vuestra Merçed me pareçe muy aguda y discreta y con la sal de donaire que era menester. La de doña Graida, muy avisada y de muger de Palaçio, con desemboltura, grave y honesta. La de don Pedro, muy de amigo y que burla muy cuerdamente.
>
> Y de todas saco yo que Vuestra Merçed es tenido y presçiado como es razón, y que lo meresçéis, aunque esto postrero gran tiempo á que yo me lo sé; pero agora sé que lo saben los otros. (239ab)

Ya que las cartas son un componente importante del *Libro*, no nos sorprende que una de ellas contenga este juicio de Mexía, quien escribe seguramente obligado tanto por la amistad como por la novedad o curiosidad de aquello que le alcanza don Alonso. Mexía elogia el contenido, el estilo y la posición de estima social por don Alonso que esas cartas revelan. Más tarde volveremos a este tema al constatar cómo don Alonso utiliza su escritura como un medio a través del cual cimentar su lugar entre los cortesanos de Carlos V, primero, y de Felipe II después. Por ahora revisemos las características de las misceláneas, cuyo éxito convenció a don Alonso de que serían el mejor modelo para su *Libro* y el camino más seguro hacia el éxito social.

## Las misceláneas

La "admiraçión," que hemos visto como un componente resaltado por el propio don Alonso, aparece también como un elemento distintivo del género de las misceláneas tal y como las describe Asunción Rallo Gruss:

> La admiración pasa a ser el primer escalón para subir a la sabiduría. Considerando que todo misterio tiene su explicación, en el mismo proceso de desentrañamiento está la labor del autor de misceláneas; es decir, su tarea se encuentra más en el camino que en la meta, no es investigar, sino reelaborar lo ya investigado para dar cuenta, como un repertorio enciclopédico, de la experiencia acumulada. (160–61)

Tan pronto como don Alonso declara que ha comido pan hecho con el trigo de 206 años, y que le ha sabido bien, pasa adelante a dar una explicación que convierta la sorpresa inicial en saber garantizado por la lógica de las razones dadas y, como si esto no fuera suficiente, por los nombres de lugares y los testigos acotados. Rallo Gruss se refiere, por supuesto, a la labor de investigación ("pasar libros," diría Pedro Mexía) del autor culto de misceláneas y en esto don Alonso no se ajusta a la definición pero veremos pronto que en su caso el conocimiento exhibido proviene no de las lecturas sino de la experiencia directa. Con esto, está más cerca de Guevara y el Zapata de la *Varia historia* que de Mexía. Insistiré en esto al tiempo que repaso la descripción del género de las misceláneas que propone Rallo Gruss. La descripción es ésta: "Esta literatura [las misceláneas] . . . se configura en la encrucijada del ensayo (discursos breves escritos en libertad compositiva), la novela (narraciones fabulosas de personajes ejemplares o singulares) y el apotegma (relato muy escueto, que a semejanza del chiste explota la agudeza) (162). Tres componentes que paso a revisar enseguida.

## Ensayo y experiencia

El primer componente de esta descripción es el ensayismo, que Rallo Gruss entiende como la "personalización de la materia" (162), es decir, como la identificación del autor de la miscelánea con aquello que lee. En definitiva, un hacer suyo aquello que lee para presentarlo de una manera muy personal. Montaigne es, por supuesto, quien representa el desarrollo mayor de esta tendencia, pero aparece también en otros autores, como Guevara o Luis de Zapata. "Los componentes básicos del ensayismo," nos dice Rallo Gruss, "sabiduría y experiencia, se encuentran ya en las misceláneas, pero la balanza se inclina aún hacia el primero de los platillos . . ." (164).

Este saber que, en el caso de Mexía, se encuentra claramente en los libros de donde ha tomado material (y que en casi todos los casos revela), puede proceder también de la experiencia directa de los hechos. Guevara declara que obtiene su información de libros antiguos, pero lo que hace es reflexionar y opinar sobre su entorno. Que muchas veces recree un ambiente griego o romano no esconde del todo esa práctica. Más directo, Zapata suele extenderse sobre todo en aquellos temas que conoce bien o por los que tiene un probado gusto. Del mismo modo, en don

Alonso podemos distinguir el saber aprendido (en los libros) del saber adquirido por experiencia directa puesto que en él encontramos más experiencia que sabiduría de escritorio, acumulada en una biblioteca. En su caso no se trata de la recreación de su persona a través de la cultura escrita sino de la necesidad de contar su vida, de ser protagonista de su propia narración. Es más, el saber exhibido es del todo práctico; nunca libresco, menos abstracto.

Ilustración de esto último son por supuesto los consejos de salud que ofrece a sus lectores en general o a alguno de ellos en particular. Ninguno está tomado de libro ni siquiera le llega de oídas. Son saberes que ha adquirido en el camino y experimentado en sí mismo. Con el aplomo que da la experiencia y el conocimiento obtenido de ella, don Alonso se permite dirigir a sus corresponsales consejos prácticos para combatir el dolor de muelas, por ejemplo. Tomando como lema el refrán "no ay mejor çurujano quel bien acuchillado" (148a), don Alonso ofrece esta cura para el dolor de muelas desde el Perú cuando narra sus impresiones sobre Lima:

> Con lo que hallé gran remedio fué meterme entre las enzías ají, que en lengua de cristianos llamamos pimienta de Yndias. Y si esto herrare y vuestra complisyón no me ayudare, tomá una yerva que se llama verros y sacadle el çumo con un lienço y hechad quatro o seys gotas en el oýdo que más cerca de la muela está. Y sy no, sean las dichas gotas de açeyte de aceitunas caliente en el dicho oýdo. Tengo por tan grave y tan común este dolor que no menos me huelgo de daros remedio para él que para la vida o para la honrra. (148ab)

## El arte de narrar y la primera aventura del *Libro*

El segundo componente de la descripción de la miscelánea es la novela. Las misceláneas ofrecen "repertorios de ejemplos, embriones de lo que hoy llamamos novelas cortas" (Rallo Gruss 165). Estos pasajes están ahí para deleitar (165) o aleccionar (166) y muchas veces nos presentan personajes muy bien delineados (166). Esto se podría ilustrar abundantemente. Narraciones breves de gran atractivo abundan en la *Silva* de Mexía, como la anécdota de Artajerjes con que se abre el "Prólogo" y muchas más; sobre todo las referidas al mundo antiguo, que no en vano se han conservado por siglos. Las *Epístolas familiares* de Guevara ofrecen también narraciones que sin duda fueron del gusto de sus lectores, como la de Andrónico y el león (I.28) y la también famosa de las tres enamoradas antiguas (I.63).

Ya que el cometido principal de don Alonso es contar su vida, la narración en su *Libro* no es un adorno retórico o un recurso que se utilice esporádicamente; todo lo contrario. La narración es lo constante e incluso cuando escribe cartas, lo principal suele ser el relato de algún acontecimiento. La narración puede pretender cierta objetividad, como la carta antes citada en la que don Alonso da cuenta a Mexía de la guerra en Alemania, pero en la mayoría de los casos don Alonso se sirve de ella para lucir su sentido del humor o, lo que es más importante, su habilidad para "glosar" o elaborar el material de manera ingeniosa o risible, cuando no ambas. Un magnífico ejemplo de esto lo hemos visto en la larga carta que don Alonso dirige a Pedro Enríquez de Ribera (137a–141b) desde el Perú en la que primero parodia la dedicatoria de la *Propalladia* de Torres Naharro y luego narra el difícil periplo desde el Caribe hasta el Perú utilizando los motivos típicos de los libros de caballerías. Si, como sostiene Rallo Gruss, "la organización de las misceláneas . . . depende . . . de la intención del autor" (176), la de don Alonso se organiza como un relato lineal ya que él escoge como tema la historia de su propia vida.

No faltan sin embargo las narraciones breves o los cuentecillos tradicionales. Don Alonso los utiliza para dar amenidad a su relato. En algunos casos seguramente nos transmite una línea o refrán asociado a un cuentecillo que no nos ofrece porque lo juzga ampliamente conocido. Es particularmente interesante cuando los cuentecillos pasan a formar parte de su propia narración porque don Alonso actualiza el material y se recrea a sí mismo en él. Al hacerlo de este modo deja clara muestra de su gusto por narrar y divertir, de un lado, y del placer que él y sus contemporáneos hallaban en estos materiales. Veamos dos ejemplos, uno del cirujano del rey de Inglaterra y otro de las bodas de Juan Borreguero. En el primer caso, don Alonso ofrece un cuentecillo en el cual el protagonista se halla en un dilema que él considera similar al suyo; en el segundo, se atribuye haber conocido a su paso por Zafra a un individuo que es la personificación de un personaje de coplas, Pero Borreguero. El primer caso es este:

> y partíme para el Perú, tierra nueva, descuviercta, do diz que, —como adelante, sy bibo, escreviré y veréys,— ay ynfinita cantidad de oro sin quencta ni sin medida, aunque no cuesta varato ni menos que la vida, porque de çient hombres, mueren los ochenta. Mas hágome otra cuenta, que es la del físico del rey de Ynglaterra, que diz que le dixeron que sy lo sanava, le darían una çiudad, y sy no, le ahorcarían. El qual respondió que hera contento, porque con lo uno o con lo otro salía de nesçesidad. Ansí lo soy yo, pues nunca mucho costó poco. (134b–135a)

Aquí estamos frente a un cuento que don Alonso ha leído o escuchado. Las condiciones en las que se encuentra no son las mejores. Ha llegado al Caribe y se ha encontrado a la gente ya establecida y por lo tanto pocas oportunidades para hacer fortuna. La posibilidad de ser nombrado capitán general de Santa Marta se ha perdido y sólo queda la alternativa de seguir viaje al sur, hacia el Perú, del que habría oído hablar desde ese mismo año de 1534 en Sevilla. El viaje se presenta peligroso pero la promesa del oro es un fuerte estímulo. Este dilema es real para don Alonso y, a la hora de verterlo en forma de narración, el recurso al cuentecillo debió presentarse ante él como un medio de desdramatizar el relato de una circunstancia real.

En muchas ocasiones la "glosa" de don Alonso se convierte en una manera de restar seriedad o gravedad a los hechos. Incluso las circunstancias más duras pueden relatarse con humor y el cortesano que cifra su éxito social en ofrecer entretenimiento a los otros miembros de la corte —es el caso de don Alonso— no podía dejar pasar la oportunidad de disimular con la risa una situación difícil. Lo hace cuando pierde la ocasión de ser capitán general de Santa Marta, como veremos más adelante, y en otros muchos pasajes de su obra.

El segundo cuentecillo nos ofrece un grado mayor de inserción del narrador autobiográfico en la materia narrada. Don Alonso no se contenta con citar un cuento o compararse con su protagonista; esta vez se hace él mismo, si no protagonista, al menos personaje del relato. El pasaje en cuestión es este:

> Todavía acuerdo no dexar a Pero Borreguero en el tintero, al qual vide en Zafra desta manera, vendiendo cabritos en su

> casa. Y es viejo y pequeño de cuerpo, coxo de una pierna. Y luego me pareçió hombre con quien me podía holgar. Y mirando a los cabritos gordos, y a él, que era flaco, le dixe que cómo se llamava. Díxome que Pero del Castillo, y que era de Alva, do avía sido rico y honrrado. Yo le dixe, por tener que hablar con él: "Pues yo voy allá por corregidor." Dióme una silla cabe el fuego y quiso darme cuenta de su vida, e yo de oýlla.
>
> E díxome: "Señor, yo le hago saber que soy el que dizen en los cantares Pero Borreguero." Queriendo saber cómo avía sido, dixo: "Yo tenía una muger galana más que perteneçía para mi ofiçio, que era carniçero. Y reprehendiéndoselo, cantava al fuego: 'Mal aya quien a vos casó, la de Pero Borreguero,' porque tenía borregos en casa. Después puse por obra su apariencia y cortéle la cabeça. Pésame que quité ánima donde no la puse. Y después los copleadores cantaron y descantaron muchas más coplas sobre Pero Borreguero. Después é casado con esta muger que es muy honrrada." Entre los dos avría çerca de doscientos años. Bienaventurado el contentamiento, el qual les haga buena pro. (285a)

El personaje de las coplas se convierte en una persona de carne y hueso, con una fisonomía y un carácter particulares. No se trata únicamente de tomar el material de la tradición tal cual —eso también lo hace don Alonso; acabamos de verlo— sino de apropiarse de él con fines estéticos. No era la risa fácil lo que buscaba aquí nuestro autor sino la recreación de un tema conocido para sus interlocutores y que él puede elaborar en una narración pretendidamente autobiográfica. Don Alonso ofrece a sus lectores un Pero Borreguero con rasgos definidos y ubicado en un ambiente que sería familiar para ellos. Incluso la mucha edad del personaje ("Entre los dos avría çerca de doscientos años") estaría de acuerdo con su pertenencia a la tradición oral.

No perdamos de vista que este episodio lo inserta don Alonso en un contexto específico: el relato de los días que pasó en compañía de los condes de Alba y Liste, parientes nobles en Zamora; relato en el que destaca el tema de las uniones matrimoniales felices (284a–285a). A continuación, viene la historia de Pero Borreguero; después deja Zamora y se dirige a Medina Sidonia, a los dominios del duque de Alba. En esta otra casa, nuevamente encuentra ocasión de celebrar una feliz unión conyugal. Queda claro entonces que la historia de Pero Borreguero se nos presenta como un intermedio burlesco, a modo de inversión paródica. El marido engañado del cuento nos dice que "era de Alva," con lo que tenemos una indicación de cómo creaba sus historias don Alonso, es decir, con especial atención a su reducido auditorio. Al contentar a sus poderosos amigos, don Alonso también intenta mostrar un alto grado de amistad y confianza con ellos. Al dejar esta última casa, don Alonso cierra así el episodio: "Éstos son los casamientos que haze Dios, y si alguno haze el diablo, fué el de Pero Borreguero. Y si así es, 'Mal aya quien a vos casó, la de Pero Borreguero'" (286a).

Con todo, de todas las narraciones breves que ofrece don Alonso, la más llamativa por su ubicación y su perfección formal es la anécdota personal que abre el *Libro*. No se trata de un cuento como los anteriores, que conoce porque lo ha leído u oído, y que es fácilmente identificable como perteneciente a la tradición. La anécdota inicial con la que don Alonso escoge empezar su historia es personal. Es decir, él es el protagonista y, aunque los hechos narrados correspondan al viejo motivo del joven que abandona su hogar y sale en busca de aventura, la historia se presenta como creación original. Ningún editor del *Libro* ha puesto en duda que don Alonso la haya compuesto, pero lo cierto es que hay razones para dudar de su autoría. El buen ritmo con que se desarrolla la acción, la caracterización de los personajes, los avatares del protagonista y la lección final de boca de uno de los personajes de la historia le dan a esta narración una perfección a la que más adelante don Alonso raras veces se acercará. De otro lado, la ubicación al inicio del *Libro*, el conocimiento de la naturaleza de esos personajes y en general el realismo de detalles que predomina a lo largo del relato apuntan a que don Alonso y sólo él pudo ser el autor. Vale la pena transcribir este relato *in extenso*:

> Fué [Fui] a Córdova y a Granada y a Baça, y allí topé con un capitán que avía nonbre Montalvo. Yva a Ytalia e yo a la Corte del rey de Castilla, que estava en Barçelona e avíamos de yr juntos hasta Murçia. E allí nos avíamos de apartar, como nos apartamos, a nuestros viajes. E a quatro o çinco leguas de la dicha çiudad de Baça, do nos juntamos, fuymos a dormir aquella noche a una venta, do a la cabeçera de la cama se me olvidaron los dichos sesenta ducados, de manera que el dicho capitán los pudo tomar mientras yo salía a no me acuerdo qué, porque él me avía entrado a despertar. Y con la

priesa que él me dió y poco aviso que yo tenía, partimos sin yo echar menos la bolsa, que no me yva nada en ello.

Y andadas dos leguas, acordéme della y no dónde la avía dexado; aunque mirado la falta que me hazía, acordé de volverla a buscar con muy grand diligençia y mayor duelo. Y echa la diligençia y no pasado el duelo, después de averla buelto a buscar hasta la dicha venta, pedí consuelo al capitán. El qual me dixo: "Consolaos, cavallero, con que el primer descuydo que hazéys no es más de sesenta ducados y con que os queda un cavallo que podéis vender. E yo, por la buena compañía y por otra tal, os daré de comer de aquí a que lo vendáys, y no por falta dello lo dexéys de vender a vuestro placer."

Yo le respondí, después de agradeçerle su buen comedimiento y liberal cortesía: "Ya yo no puedo venderlo a mi plazer, pues en él pensava paresçer ante el Rey, con quien voy a bivir." Entonces me dixo: "Para eso yo os quiero dar un buen remedio, que aquí adelante está un grand señor que se llama el marqués de los Vélez, don Pedro Fajardo, en un lugar suyo por do pasaremos mañana, si pluguiere a Dios, que se llama Vélez el Blanco. Si vos soys el que me avéys dicho, él terná notiçia de vuestros padres o en su casa quien los conozca. Contalde vuestro duelo, que bien creo él lo remediará."

Otro día llegamos al dicho lugar y llegué al dicho marqués y díle quenta de mi acaeçimiento por la mejor manera que pude y aun que pudiera ser, y aun con el mayor duelo que podría aquí pintar, pidiéndole por merçed me ayudase. Y dixo que sy. Y pasaron dos días syn lo hazer. Como no ví que me ayudava sino a gastar lo que no tenía, díle una petiçión por escrito, el tenor de la qual es éste que se sygue:

"Illustre y buen señor: Estotro día hablé a Vuestra Señoría para que me ayudásedes para mi viaje, diziéndoos mis acaeçimientos, por amor de Dios y de quien soy. De lo qual, si tenéys dubda, os hará información Ortiz, vuestro trinchante, que fué paje de mi padre. Contentarme —é con diez ducados, los quales harán a Vuestra Señoría poca falta y a mí grand bien y consuelo. Por cuya illustre persona de Vuestra Señoría . . . "

Y respondióme que holgara de hallarse en tiempo de lo poder hazer, pero que al presente no avía lugar. Y el dicho trinchante que fué el que me sacó la respuesta dióme dos ducados de su pobre bolsa e yo fuyme al mesón, do hallé al dicho capitán. Y pescudóme cómo me avía ydo. Y como se lo dixe, o de duelo que de mí tubo o de su acostumbrada virtud, metió la mano en la manga y sacó la bolsa con los sesenta

> ducados y diómela. E dixo: "Yo os tomé esta bolsa para que supiésedes la falta que os hazían los dineros que dentro van, porque de los escarmentados se hacen los arteros y de los arteros, burladores de los mal vestidos. Por eso vestíos de este aviso y avisáos deste descuydo, porque ya avéys visto cómo os podéys remediar dél." Partímonos con grand plazer, el qual no me escusó darle las graçias. Y fuémonos a Murçia, do nos avíamos de partir. Y partímonos dentro de ocho días que dentro estuvimos holgándonos. (8a–9a)

Un elemento que es importante destacar con relación a esta historia es el hecho sorprendente de que ella anuncia, en breve, lo que será una constante a lo largo de la vida de nuestro autor: continuamente será víctima de ataques y constantemente se dirigirá a personajes importantes para pedirles favores o mercedes, casi siempre a través de cartas. Así como recibe la caridad del antiguo paje de su padre, en otros momentos de su vida tendrá que mendigar y quizá consideraba que algunas de las mercedes que recibía eran como limosnas, pues nunca recibió una verdaderamente importante. E incluso el hábito de la Orden de Santiago a la larga le parece que trae más responsabilidades que beneficios (59a). Con frecuencia sufre descalabros, pero por lo general aprende de ellos. Es decir, don Alonso ha hecho de esta su aventura inicial también una aventura iniciática que marcará la pauta de las que vendrán a continuación. Es tentador pensar que don Alonso escribió o reescribió esta anécdota al final, con el conocimiento que de sí mismo había adquirido a lo largo de los años, pero no hay una evidencia que nos permita afirmarlo.

La aventura inicial —e iniciática— con que se abre el *Libro* es de un valor fundamental para la inteligencia de su obra como literatura de entretenimiento. Como en las vidas de soldados y como en algunas novelas picarescas, el protagonista pone fin a su infancia o adolescencia con una experiencia cruda que le hace tomar conciencia de su ingenuidad; muchas veces se trata de un hecho violento que lo obliga a huir y empezar su carrera de aventurero. Como ocurre con los naufragios y los cautiverios en los reinos musulmanes, podríamos decir que se trata de un tópico que aparecerá una y otra vez en vidas reales y ficticias.

La posición de esta aventura puede hacer que el cuento se convierta en una guía de lectura y comprensión del *Libro*. No es casual que sea la primera aventura que vive don Alonso. Se trata, a una escala reducida, de una exposición de la naturaleza del relato. El inicio tiene un valor simbólico. Nos dice cómo debemos leer el relato de los hechos: No como una crónica ajustada a la verdad, sino como la vida de un hombre que se juzga a sí mismo un ejemplo para otros. Es una reafirmación de lo que se declaraba en el proemio: "Es obra muy provechosa y nesçesaria para todo estado y género de personas y grand generalidad de cosas apetitosas y onrrosas . . ." (7).

Existe, sin embargo, otro aspecto relativo a este episodio que cabe resaltar porque corresponde no a un hábito retórico sino a la circunstancia misma de don Alonso: una caracterización de su vida. Efectivamente, su encuentro con el marqués nos muestra una imagen del autor en su juventud en el momento en que llega a una corte para pedir mercedes por el sólo hecho de su linaje. Rechazado —como lo será luego tantas veces—, escribe una carta —como tantas que escribirá—, y, finalmente, tiene que contentarse con la caridad del antiguo paje de su padre. En dos pasajes de su vida, don Alonso tuvo que volverse mendigo y pedir limosna como si fuera un pordiosero. Además, durante casi toda su narración lo vamos a ver exigiendo una y otra vez mercedes reales por su linaje y hechos de armas.

La escritura se presenta como motivada por circunstancias personales y la anécdota inicial resalta como una alegoría del libro entero. Estamos quizá frente al mayor de los méritos de nuestro autor. Ha sabido dar con la imagen literaria más apropiada para representar su destino: el de un caballero noble desbaratado.

La habilidad de don Alonso para narrar historias es, después de todo, una virtud a la que otros personajes en el *Libro* hacen referencia. El mismo Carlos V alabará alguna vez la manera cómo don Alonso sabe capear un temporal adverso gracias a su habilidad para contar los hechos. Don Alonso se ve en esta circunstancia a su regreso de Ibiza porque debe enfrentar un juicio de residencia y, más importante para él, tiene que dar explicaciones al Emperador, al secretario Cobos y a don Fadrique de Toledo, duque de Alba, a quien tanto admira, sobre las acusaciones de crueldad excesiva que penden sobre él. En especial se le acusa por haber mandado colgar de un árbol a un soldado que se excusaba de marchar al frente por falta de zapatos. Don Alonso no niega este exceso, pero se enfrenta a esos grandes señores con un relato tan atractivo de los hechos (42a–45a) que le basta esa sola habilidad al contar la historia para expiar sus faltas. De inmediato el Emperador reconoce sus virtudes de narrador: "Don Alonso, mucho é holgado de la buena quenta que avéys dado, aunque creo que os avéys ayudado con vuestra discreçión. Pero como quiera que ello sea, me tengo de vos por muy servido" (46a). A esto responde nuestro autor: "Señor, bien creo que Vuestra Majestad save la verdad y queréys alegar dubda con color de hacerme discreto, porque sy me oviésedes de pagar lo que os é servido, me avéys de hazer rico, y esto no podía ser syn que quedásedes vos pobre" (46a). El rey ríe y añade: "Tenéys razón. Hablá a Covos que acuerde vuestros negocios" (46a). Hay que añadir que a don Alonso le interesaba no sólo poner en boca de Carlos V esta opinión; además es obvio en este y otros pasajes que se regodea en el trato con él. El diálogo con el Emperador es algo que busca en todo momento. Más adelante en su *Libro* sentirá un orgullo especial al pasar a ser "privado" del joven príncipe Felipe. (Cargo que, como veremos más adelante, no convence a muchos y es más bien tema de burla).

Fuera del espacio del *Libro*, contamos con un juicio positivo del secretario Cobos con respecto a la capacidad de don Alonso para entretener con su conversación o, al menos, para divertir con sus historias. El juicio lo recoge Keniston en la biografía que dedicó al poderoso secretario de Carlos V: Dice ahí Cobos en una carta privada: "if Don Alonso were in Flanders, the courtiers would not find *Amadís de Gaula* and *Esplandián* so entertaining" (citado y trad. en *Francisco de los Cobos* 370).

## El ingenio cortesano

El componente final de la descripción de las misceláneas que nos ofrece Rallo Gruss es el apotegma. Los apotegmas son "dichos breves que condensan una sentencia moral o filosófica" (167). Sabemos ya que la reflexión filosófica no es uno de los fuertes de don Alonso; él más bien se alinea con la tendencia española, referida por Rallo Gruss en este mismo ensayo, de privilegiar el refrán o sentencia popular en detrimento del apotegma clásico. Puede ser esto último parte de una tendencia generalizada en la Península de nacionalizar el bagaje cultural clásico. En lugar de anécdotas protagonizadas por filósofos o emperadores de la Antigüedad, nos hallamos con refranes o dichos populares. El erasmismo en España, desde muy temprano en el siglo XVI, había dignificado el proverbio popular. Así, los refranes ocuparán un lugar significativo en el *Libro* de don Alonso. Ellos resumen una circunstancia o experiencia y además le dan a su narración un gusto popular con el que sus lectores podían conectar rápidamente.

Los apotegmas además, al presentarse en su forma clásica como respuestas ingeniosas, tenían una relación muy directa con la valoración cortesana del dicho ingenioso o gracioso. Sobre este tema, Rallo Gruss nos dice lo siguiente: "[las recolecciones de apotegmas] sí se relacionan con el origen extrínseco de la práctica del chiste: la cortesanía o, dicho por otro término, la *facetudo*. El buen cortesano, que debe ser *om faceto*, tiene que saber injertar en su discurso las facecias que vivifiquen su plática" (168). Injertar es una palabra que hemos usado antes para referirnos a la elaboración o modificación que opera don Alonso sobre pasajes que toma prestados, sea de otros autores o de la tradición oral. En lugar del apotegma en su forma clásica, que abunda sobre todo en las biografías de los antiguos en la *Silva* de Mexía, don Alonso nos ofrece las muestras de su ingenio a través de su habilidad para injertar en el relato de su vida versos o refranes. Otras veces modifica, para el deleite de sus corresponsales, algunos textos muy leídos en su época, como hemos visto que hace con Torres Naharro.

Más cerca del apotegma, contamos también con algunos pasajes del *Libro* que vale la pena recordar. Ellos están por lo general ligados al interés de nuestro autor por brillar en la corte, como veremos más adelante cuando hagamos alusión a *El cortesano* de Baltasar de Castiglione. Ya hemos visto a don Alonso salir bien librado de las acusaciones de crueldad en Ibiza con sólo su habilidad para contar bien una historia. Veámoslo ahora en un intercambio, también con Carlos V, en el que nuevamente se excusa de una conducta cuestionable con un dicho ingenioso. Tello es el nombre de uno de sus enemigos sevillanos. Don Alonso, acompañado de un grupo grande de gente, lo intercepta y ataca malamente, dejándolo herido. El rey le reprocha: "Pues, ¿cómo, don Alonso? ¿todas esas eran vuestras valentías, que fuystes doze e muy armados a matar a uno?" A lo que don

Alonso responde: "Señor, es verdad, y yôs diré por qué. Avéys de saber que yo lo quería matar y por esto fuý con doze e muy armados; que sy yo quisiera que me matara él a mí, fuera solo y desarmado" (41a).

* * *

Una visión complementaria del género de las misceláneas nos la ofrece Isaías Lerner. En varios artículos y sobre todo en el prólogo a su edición de la *Silva de varia lección* de Mexía nos habla de las raíces clásicas del género, de su pervivencia a través de la Edad Media y de su éxito en el Renacimiento. La *Silva* es la primera miscelánea que se escribe en lengua moderna y por tanto para los lectores no letrados y ajenos a la lectura del latín, como don Alonso, debía representar toda una novedad. A pesar de la larga genealogía que hay detrás de la *Silva*, y que Lerner reconstruye con erudición, su contenido y disposición debía presentarse a sus lectores contemporáneos no letrados con una frescura que hoy apenas podemos imaginar. Las más de cien ediciones en menos de doscientos años en Europa son prueba irrefutable de su gran éxito y difusión extensa (Lerner 12). Una novedad que presentaba la *Silva* con relación a otras muestras del género era su disposición a modo de breves textos narrativos (Lerner 15) a los que Mexía se refiere en el "Prohemio" como a "capítulos de diversos propósitos."

Aunque don Alonso no toma préstamos de Mexía como los toma de otros autores, es claro que con este tenía una mayor familiaridad. Así lo prueban las muchas cartas que entre ellos se cruzan y que están, en buena parte, "trasladadas" en el *Libro*. Tengo para mí que don Alonso habría leído, siquiera parcialmente, el libro de su amigo. Es cierto que no lo cita ni toma prestada ninguna de sus muchas noticias, pero al presentárselo al joven príncipe Felipe utiliza palabras que parecen sacadas del "Prohemio" de Mexía. Don Alonso se refiere al libro como a un compuesto de noticias provechosas "así entendidas de otros libros de sabios varones como sacadas de su entendimiento discreto y virtuoso" (274a). Dos anotaciones más quiero hacer. La primera es menuda y se refiere a la palabra *capítulo* que usa Mexía para referirse a las distintas partes en que está dividida su *Silva*; don Alonso también utilizará el vocablo pero ya bastante entrado en la redacción de su *Libro*, lo que me hace pensar que es una opción motivada por la lectura de Mexía. La otra anotación es más genérica y tiene que ver con las muchas noticias sorprendentes e interesantes a las que don Alonso recurre constantemente a lo largo de su narración y que en un caso ofrece precisamente a Mexía —como ya hemos visto y comentado. No podemos pues dejar de lado la posibilidad de que don Alonso haya visto en la miscelánea un modelo de la forma final que podía llegar a tener su *Libro*. Las *Epístolas familiares* podían ofrecerle la imagen de un libro hecho de cartas dirigidas a personajes notables y la posibilidad de cimentar un lugar en la corte a través de una lectura entretenida dirigida a un público cortesano, pero sin duda la *Silva* fue una presencia significativa a la hora de decidir la forma final de la historia de su vida.

* * *

Encontramos, pues, bastante en común entre las misceláneas y el *Libro* de don Alonso. Si tuviéramos que hacer una lista de las características del *Libro* que lo acercan a las misceláneas, sería ésta:

(a) Al narrar la historia de su vida, don Alonso acumula material de diversa forma. Cuando no narra, transcribe cartas o presenta diálogos que sostiene, en tanto personaje protagonista, con otros personajes de su propio *Libro*. Además de esta variedad en la prosa, encontramos también citas y alusiones constantes a versos, sean de la tradición popular o culta. En algunas ocasiones, don Alonso será autor de los versos que ofrece a sus lectores.

(b) Las noticias de hechos sorprendentes o *mirabilia* aparecen en el texto según el autor los va encontrando en su camino. Cabe resaltar que no se trata de noticias sacadas de libros, ni siquiera oídas de otras personas sino de hechos con los que el autor se ha topado en su camino. El tema del *Libro* es su vida y en este trayecto han aparecido casos de "admiraçión" que el autor se apresura a recoger para beneficio de sus corresponsales. Junto a los casos que lo sorprenden (como los peces voladores o el trigo de más de 200 años), está también la noticia de las nuevas geografías, gentes y costumbres que encuentra durante sus desplazamientos. Esto último es particularmente interesante a su paso por América, sobre todo cuando sus opiniones no están teñidas de racismo o desprecio por los nativos americanos.

(c) Estrechamente ligada a lo anterior está la voluntad de entretener al lector. Sin embargo, hay que añadir que al lector se le entretiene no solamente con noticias curiosas o variedad discursiva, como vimos en (a) y (b). Don Alonso ofrece también deformaciones paródicas de textos conocidos, narra cuentecillos tradicionales (a los que por lo general actualiza haciéndose protagonista de ellos) y, en general, muestra un sentido del humor del que con frecuencia él mismo es víctima.

(d) Finalmente, el autor transforma la experiencia propia en conocimiento. La reflexión sobre los hechos vividos, característica de la escritura autobiográfica, facilita que el autor pueda sacar conclusiones generales de las experiencias que le toca vivir. Esto ocurre cuando don Alonso nos habla del carácter de los hombres de acuerdo con su nacionalidad o del valor de las sangrías como método de curación. Lo distintivo es que la información que ofrece el autor no proviene de libros leídos (como ocurre en Mexía o como quiere Guevara que creamos) sino de la experiencia vivida.

Si en los tres primeros puntos nos encontramos con un don Alonso influenciado por autores como Torres Naharro, Mexía y Guevara, en el cuarto y último nos encontramos con una concepción y práctica muy peculiares de la miscelánea puesto que la experiencia personal se convierte en la principal fuente de información y conocimiento. Guevara, aunque le gustaría que creyéramos que fatiga libros innumerables en diversas lenguas muertas, nos comunica en realidad sus ideas y ocurrencias. Mexía nos presenta el producto de sus lecturas. Don Alonso nos ofrece su propia experiencia.

No se trata por cierto de una valoración de la experiencia misma surgida de una postura filosófica que le indique al autor que ese es el camino hacia un conocimiento real. Es más bien un correlato de la elección del tema por parte de don Alonso: su propia vida. Esto tiene dos consecuencias. Primero, la experiencia personal pasa a primer plano. Segundo, el *Libro* es un relato lineal en el cual el orden visible es la trayectoria vital de su autor. Tenemos así dos de los componentes de la descripción de las misceláneas que ofrece Rallo Gruss, ensayismo y narración. No sólo están presentes en el *Libro* sino que además son el centro que cohesiona los diversos elementos de la obra. El tercer componente, el apotegma, lo hemos identificado en el uso de cuentecillos y refranes, así como en coplas y en todo lo que contribuya de un lado a resaltar el ingenio del autor y, de otro, a hacer la lectura más entretenida. Esto último forma parte importante del *Libro* y está en relación con el afán de nuestro autor por brillar en la corte. De esto nos ocuparemos en la próxima sección.

## Para entretener a la corte

Cuando don Alonso inicia el relato de su vida, se retrata a sí mismo saliendo de la casa familiar en busca de la corte real para pedir mercedes, a saber, el hábito de la Orden de Santiago y un lugar como "gentilhombre" entre los caballeros que rodean a Carlos V. Al final del relato, que al parecer acaba bruscamente con la muerte del autor, don Alonso está en Alemania siguiendo los pasos del mismo Carlos V, con el propósito explícito de quejarse ante él por los maltratos recibidos del Consejo de Indias durante el proceso que se le siguió para poner en claro el alcance de su participación durante las guerras civiles en el Perú. Al principio y al final de la historia de su vida, don Alonso está siguiendo los pasos de la corte. Cuando se aleja de ella será con la intención de acumular servicios o riquezas que le permitan volver con mejor pie. Así, al negársele un lugar en la corte en su primer intento, parte hacia las Islas Baleares a luchar contra moros y franceses. Años más tarde, cuando su situación en Sevilla se hace insoportable debido a sus problemas personales y los bandos, partirá a América a buscar fortuna y reunir el patrimonio que le permita vivir la vida regalada de la nobleza a que se siente destinado por su nacimiento.

La condición de cortesano de don Alonso está tan arraigada en él que incluso cuando está alejado sigue comportándose como tal. Ya hemos señalado cómo las cartas que escribe desde los confines del mundo le permiten estar en contacto con amigos, parientes y sobre todo nobles en quienes se ampara. A través de las cartas logra mantener una presencia viva en el medio cortesano del que se halla físicamente alejado. Apartarse de este medio representa para don Alonso no sólo un castigo sino una situación que teme. Su propio relato nos muestra claramente su temor de ser expulsado de la corte. Veamos un ejemplo. Camino a cumplir destierro por participar en un duelo, encuentra en Alicante la manera de impresionar al Emperador cuando reconoce al pirata turco Machín de polizón en el mismo barco en el que iba a viajar (16b). Don Alonso sabe que su captura será una manera de ganarse la buena voluntad del Emperador. De inmediato pone en juego su ingenio y un valor sorprendente (que extrañaremos en otros momentos de su vida). El único episodio en el que hay una exhibición de valor está motivado por evitar a toda costa el alejamiento de la corte.

Estar en la corte era pues vital para las aspiraciones de don Alonso. Por eso el contacto con sus miembros era algo que no podía descuidar. Esto crea una tensión entre la voluntad de darle una forma al relato ("porque no pienso poner más cartas en este libro, porque todo el axuar dél no sea cartas," 151b) y la necesidad de interrumpir la narración para "trasladar" las cartas que escribe y recibe. La carta a María de Mendoza (295b), esposa de Francisco de los Cobos, que ya hemos citado, nos muestra claramente el camino que seguían las cartas que don Alonso escribía a personas prominentes. El destinatario explícito es una persona en particular; no obstante, la carta está destinada a circular por varias manos para finalmente pasar a formar parte del *Libro* que él escribe y del que sus corresponsales están informados. Incluso el príncipe Felipe estaba al tanto de la redacción que hace don Alonso del *Libro* sobre su vida. En carta escrita a don Alonso por Álvaro de Córdova, en nombre del futuro Felipe II, leemos: "porque las [cartas de don Alonso] lee cada día y ténelas muy guardadas. Creo que quiere hazer otro libro dellas, como el que Vuestra Merced haze" (259b).

No debían ser extraños los "traslados" o copias de sus cartas. Significativamente, el último documento conocido en el que figura una alusión a don Alonso es una carta en la que un cortesano escribe a otro contándole de las cartas de batalla que intercambiaban don Alonso y Perico de Santernas (336b).[3] La transcribo íntegra porque es muy breve y nos presenta un retrato desinteresado de cómo sería percibido don Alonso entre sus vecinos de corte: "Entre don Alonso Enríquez y Perico de Santernas andan grandes bregas con cartas de desafíos. El uno dende acá y el otro dende allá, se escriven las lástimas que pueden. De la que agora responde don Alonso embío a Vuestra

Merced el traslado, porque los cortesanos gustan de vellos rebueltos" (336b).[4]

Por desgracia no se guardan esos "traslados" aludidos en esta carta, pero el sólo hecho de que estos cortesanos, *de motu proprio*, se dieran el trabajo de hacerlo nos dice mucho de la función que desempeñaba don Alonso en ese mundillo. Esa carta nos mueve a preguntarnos hasta qué punto es don Alonso un bufón. Es necesario hacerse la pregunta porque claramente don Alonso ha construido una imagen de sí mismo en la cual el sentido del humor, el ingenio y la voluntad de divertir se entrelazan para asegurar que sea aceptado entre los otros cortesanos.

Antonio de Guevara, cuya figura como dijimos en el capítulo anterior ejerció una considerable influencia en Enríquez de Guzmán, ha merecido ser estudiado por Francisco Márquez Villanueva como un inspirador de la literatura del loco en la España del siglo XVI.[5] Aunque don Alonso, como Guevara, tiene mucho en común con la figura del bufón escritor, se diferencian ambos en su compromiso con la nobleza y las ideas que la sostienen. Bastaría releer las cartas de Guevara a los líderes de la revuelta comunera en las *Epístolas familiares* para apreciar su defensa del estamento aristocrático y su identificación con él (libro primero, cartas 47, 48, 49 y 51). En el caso de don Alonso, la nobleza no es sólo un reclamo suyo, es además un reconocimiento del medio: en todos los documentos en los que se le menciona, favorables o no, siempre figura como "don" y con frecuencia se le llama "contino" o "gentilhombre" del rey o "caballero" de la Orden de Santiago.

Los principales representantes de la literatura bufonesca, Francesillo de Zúñiga y Francisco López de Villalobos, son conversos y tienen una actitud agresiva frente a la nobleza castellana. Sobreviven en un medio adverso gracias a su habilidad para entretener o a sus cualidades intelectuales; Villalobos, por ejemplo, fue un médico excepcional. Amparados en el favor real, se podían permitir ser críticos muy severos de los sectores más reaccionarios de la nobleza. La nobleza arrogante y vacía de educación o valores era su principal objeto de burla. Si en Francesillo de Zúñiga los cortesanos se insultan llamándose "vizcaíno" o "asturiano,"[6] en don Alonso "moro" o "judío" son insultos más frecuentes. Justamente Zúñiga registra la voz "asturiano" como insulto en una anécdota en la que participa nuestro autor: "Este mismo año [1527] don Alfonso Enríquez de Sevilla, de livianos cascos, é Ventura Beltran, hijo del doctor Beltran, hubieron batalla en palacio. Quieren decir algunos contemplativos que hubo entre ellos mojicones, é demás de esto, se llamaron asturianos."[7]

Aunque hallamos algo de bufonesco en don Alonso, su voluntad de pasar por gracioso responde a otro modelo: el del caballero que sabe divertir a otros con su ingenio. Don Alonso puede comportarse como un bufón en un intento casi desesperado por ganar la atención de un superior. Es lo que ocurre con esas historias "picarescas" con las que se dirige al príncipe Felipe con ánimo de entretenerlo, al tiempo que sabemos que Carlos V lo quería lejos de su hijo.[8] Sin embargo, pocas veces llega don Alonso a esos extremos; por lo general muestra su gracia con juegos de palabras o injertando, como hemos visto en el capítulo anterior, la lírica tradicional en su discurso. La carta con la cual da cuenta de su frustrado proyecto de ser capitán general de Santa Marta apenas llegar al Caribe, nos ofrece un ejemplo invalorable de su capacidad para ser gracioso; y es también muestra de esa tendencia suya de la que hablamos antes de restar gravedad a las circunstancias adversas. Luego de transcribir la solemne carta con la cual las autoridades locales lo nombran capitán general de Santa Marta, nos hace saber del mandato real de que ese cargo sea para un tal Pedro de Lugo. La reacción de don Alonso es ésta: "E yo, como ví que todo era *lugo*, acordé *lugo* desestirme de la causa. Y estos señores oviéronlo por bien. Y *lugo* determiné y partíme para el Perú . . ." (134b, itálicas en el original). La carta ilustra bastante bien esta concurrencia de lo oficial y lo personal, lo público y lo privado, que hacen de don Alonso un personaje aceptado en la corte a pesar de su manifiesta falta de seriedad. Algunos lo han llamado "loco" y él, por supuesto, ha protestado al menos en un par de ocasiones[9] frente a esta fama que en el fondo él mismo ha contribuido a crear. Lo que él quería era, más bien, que se le considerase como "gracioso." Al menos es así como aparece en el retrato favorable de don Alonso que nos ofrece su amigo Pedro Mexía en carta recogida en el *Libro*:

> Que diga alguno que el Príncipe nuestro señor començó a tomar gusto de vuestra conversaçión[10] por vuestros donayres, el mismo se dirá que sois muy avisado, muy honrrado cavallero de persona y linaje y tenéis las otras partes que un

> cavallero debe tener, con las quales sin donayres suelen ser los hombres açeptos a los príncipes. Pero porque se juntaron éstos con ser graçiosos, os hizieron privado, que suena más que açepçión. Y la graçia y desemboltura no bastaran, si faltara lo demás. (239b)

Son importantes los términos que utiliza Mexía. Obviamente, los "donaires," la "gracia" y la "desenvoltura" están bastante lejos de la "locura" con la que a veces se censuraba a don Alonso. Lo que hace Mexía es construir el retrato del caballero perfecto asegurando que la "privanza" de don Alonso con el príncipe Felipe se explicaba por todas esas "partes" de caballero presentes en el primero. El retrato del caballero perfecto aparece en otros momentos dentro del mismo relato. Durante el diálogo entre don Alonso y el mesonero de Zafra, este último ofrecerá su descripción del dechado de caballería repartida en "las quatro prinçipales virtudes que á de tener un cavallero, conviene a saver: cordura y fortaleza y mesura y justiçia" (89b). Es interesante notar que este retrato del caballero perfecto esbozado por el mesonero se diferencia considerablemente del que ofrece Mexía. El del mesonero coincide con el que nos encontramos entre las páginas de *El cortesano* de Castiglione. El de Mexía corresponde a otro tipo de caballero, al del cortesano entretenido u hombre donoso.[11]

Si leemos con atención la carta de Mexía podemos ver que se trata de una respuesta, concertada quizá, que don Alonso y Mexía dan a aquellos que se atreven a "glosar" la privanza de don Alonso con el príncipe. Si "glosar" es parodiar y hacer burla, según el sentido que el mismo don Alonso da al verbo en otro lugar (140a), está claro que debía sentirse víctima de esos ataques.

Si bien podemos decir que no es un "loco" o un bufón, hay un terreno ambiguo entre la condición de "privado" del príncipe Felipe que él mismo se encarga de promover y la de "gracioso" u hombre de "donaires," de la que él mismo hace gala y que conocemos gracias al testimonio de algunos contemporáneos. Además del juicio de Mexía que citamos antes, está también ese otro de Carlos V en el que alude a la habilidad de don Alonso para contar historias y salir de apuros con sólo su labia.

Antes hemos mencionado a Perico de Santervás como el individuo con el cual don Alonso intercambia cartas de desafío en 1547. El documento al que hicimos alusión lo recogió Keniston para hacerlo formar parte del apéndice de su edición del *Libro*. No hay ninguna mención a Santervás hecha por don Alonso ni aparece su nombre en ninguna correspondencia que este transcribe. Sin embargo, tenían que conocerse en tanto que ambos eran allegados al joven Felipe. No sólo están en el mismo lugar al mismo tiempo sino que además compiten por el favor del mismo poderoso, el príncipe. No era Santervás personaje que fuera a pasar desapercibido, según la información que presenta Fernando Bouza (*Locos* 77–79). A diferencia de rivales más poderosos como el asistente de Sevilla, don Alonso deja de mencionar a quienes se podía dar el lujo de despreciar porque a diferencia de él no eran hidalgos.

Siguiendo al mismo Bouza, que cuenta a don Alonso entre los "locos" de la corte de los Austrias (*Locos* 42), podemos apreciar que la gente de placer o los "locos" en la corte eran muchos. Por eso mismo es muy significativo que nuestro autor omita sus nombres. Aunque algunos percibían a don Alonso como un "loco" más en la corte, él se sentía parte de un estrato superior. Cuando se refiere a ellos lo hace con distancia y desde una posición de superioridad: "E subiendo arriba, entraron en una grand sala, aderezada de tela de oro con un hermoso y rico dosel de brocado con las armas de los Guzmanes en todo ello y tres truanes[12] bien vestidos con sus guitarras en las manos, cantando galanterías" (191b). La ocasión es una fiesta que celebra la unión conyugal entre miembros de las casas de los duques de Béjar y Medina Sidonia. A don Alonso le interesa sobre todo dejar testimonio de su presencia en la ocasión, que reúne a lo mejor de Sevilla.

He usado la palabra *loco* porque era ésta la que más molestaba a don Alonso y de la que trata de apartarse como hemos visto en la correspondencia que sostiene con su amigo Pedro Mexía y como veremos pronto en una carta que le dirige a Francisco de los Cobos. Las palabras con las que se le calificaba en la corte son varias, pero siempre muy cercanas a *loco*. Fadrique de Toledo, duque de Alba, lo llama "perdido"[13] y Francesillo de Zúñiga lo llama "casquileve de chocante memoria" y "de livianos cascos."[14] Que Zúñiga lo llamara así puede explicarse de muchas maneras; sea por el sarcasmo del que siempre usa el cronista satírico contra los cortesanos que no son de su agrado o, como sugiere Keniston, por "celos profesionales" (liii). La del duque de Alba, por quien don Alonso muestra tanta admiración y respeto a lo largo de su *Libro*, sí parece representar una opinión general al interior de la corte.[15]

¿Quiénes eran estos "locos"? Sus nombres eran muchos. El catálogo de ellos que ofrece Márquez Villanueva (8) es el siguiente: loco, truhán, chocarrero, albardán, gracioso, decidor, hombre de placer y, de uso poco frecuentado, bufón. En el libro de Bouza, *Locos, enanos y hombres de placer en la corte de los Austrias*, aprendemos que esta "gente de placer" cumple con el oficio de entretener a los reyes y a los cortesanos (13). Los candidatos a ejercer tal oficio eran de dos tipos: los deformes físicos y los locos (reales o fingidos) (14). Los primeros son bastante visibles por su aparición constante en los cuadros de la época; de los segundos sabemos sobre todo a partir de lecturas de crónicas, cartas y, en algunos casos, a través de lo que ellos mismos dejaron escrito. Tienen en común ser considerados "gente baja," es decir, no son hidalgos y "muchos tienen una clara ascendencia de cristianos nuevos" (25). De su parte, ellos "siempre se precian de una conducta cobarde, ambiciosa y contraria a todos los rituales y convencionalismos de la corte" (25).

Como se puede apreciar, don Alonso calza y no calza dentro de esta descripción. Una vez más, su posición es ambigua. Por lo visto, para mantener su posición en la corte debía comportarse como un "loco" pero, al mismo tiempo, debía alejarse de esa "gente baja" debido a su pertenencia al estamento de los nobles. Ya hemos dicho que Bouza en su estudio sobre el tema cuenta a don Alonso entre la gente de placer. Veamos qué tiene que decir el mismo don Alonso.

Don Alonso cuenta con reyes de España y Portugal entre sus ascendientes (Keniston vii). Lleva apellidos que debían inspirar respeto; sin embargo, pertenece a una rama empobrecida de la familia y más allá de la posibilidad de recordar su parentesco con algunos grandes, no tiene ningún poder ni influencia significativos en la corte. Su pobreza es un tema que está presente constantemente en el *Libro* y que sólo desaparece después de su fructífero paso por el Perú. Aunque a costa de muchos riesgos y problemas judiciales, la aventura de indiano es quizá la única de la que sale bien parado. Es tal su éxito que a poco de llegar a Lima y ser recibido generosamente por Francisco Pizarro, puede escribir una carta a Francisco de los Cobos en la que confiesa la naturaleza fingida de su "locura." Las referencias a "locos" fingidos son muchas. Bouza ofrece los nombres y apellidos de muchos de ellos. Lo de don Alonso, no obstante, es especialmente importante porque se trata de una confesión de parte en la cual el hombre de placer confiesa su fingida locura y explica las razones que lo llevaron a ella. Esta confesión, que citaremos en seguida, tiene un carácter público puesto que su autor la introduce así: "no solamente la escrebí para él [Cobos] e holgaré que venga a sus manos, sino a la notiçia de todos" (148b). La carta es ésta:

> Illustre e muy magnífico señor: Ya Vuestra Señoría sabe que siempre que me conosçió fué [fui] pobre de hazienda y no de juyzio. Antes éste me sobró quanto estotro me faltó, pues ni los aborresçí ni hize perjuyzio a mi cuerpo ni a mi honrra, que no fue poca sagazidad loquear, syn perjuyzio de las dos cosas. Agora que a Dios Todopoderoso á plazido sacarme de esta nesçesidad, quiero declarar mi demasiada conversaçión o loquasidad, por mejor dezir, estava convidada de la pobreza, porque con ella me paresçía apagava el fuego del aborresçimiento que la pobreza trae consigo, y con la moneda de mi buena conversaçión se aguava estotro defetto. Agora que yo tengo otra moneda, no quiero usar estotra ni Vuestra Señoría me la tome en quenta ni consyenta usar ni pasar. Y en verdad que no tengo culpa sy á sydo falsa, porque siempre la he gastado y despendido contra mi voluntad, no dexando de conoçer sus quilates tan bien como los que la resçibíades. (148b–149a)

La metáfora de la moneda subraya convenientemente la naturaleza social de la locura de don Alonso.[16] Las gracias y donaires de los que hizo gala en la corte no son más que el circulante que le permitía relacionarse con otros cortesanos; si no en una situación de igualdad, al menos de una manera aceptable tanto para él como para otros. El beneficio que don Alonso obtiene de esta transacción no es nada despreciable. Le da un lugar en la mesa de nobles más poderosos que él y le abre las puertas de muchas casas que de otro modo le estarían vedadas. Ya hemos visto el valor que don Alonso da a su pertenencia a la corte. Significaba para él no sólo estar cerca de los poderosos, era además el lugar que a su juicio le correspondía. Cada vez que está en la corte o en casa de algunos poderosos se siente muy a gusto o al menos esto es lo que deja ver su relato de tales ocasiones.

Las transacciones que establece don Alonso con sus amigos y parientes nobles no son ajenas a la recepción de bienes materiales. La gente de placer recibía, además de dádivas o favores, un pago en especie (sea en alimentos o en tela para hacerse trajes), como consta en los documentos aportados por Bouza.[17] El hecho de recibir un pago a cambio de entretener significaba el descrédito y la certificación de que se formaba parte de la tropa de la gente de placer. El hacerse pagar por las gracias, nos dice Bouza, hacía del cortesano un truhán o un bufón (*Locos* 66–67). A lo largo del *Libro* veremos a don Alonso recibiendo dádivas de otros nobles que lo acogen, pero él tendrá mucho cuidado de recrear esas situaciones de modo que las dádivas parezcan más un regalo recibido de un igual que una remuneración por la moneda de su "buena conversaçión."

De las muchas escenas de vida cortesana que relata don Alonso, la que le causa mayor orgullo es su embajada a la corte de los reyes portugueses (47b–51a) llevando la noticia de la captura de Francisco I, rey de Francia.[18] Narra con lujo de detalles su llegada, sus conversaciones con el rey y la reina y también su participación en "seraos" o recepciones en la corte, donde muestra su gracia para los galanteos de corte ("gracejos"). Pone especial énfasis en su trato con la infanta Isabel, futura esposa del Emperador, con quien comparte la mesa. A su salida de esta corte es recompensado con menos de lo que esperaba: "treynta cruzados de a diez ducados cada uno de parte del Rey, e de la Reyna veynte, que en nuestro vulgar castellano son quinientos ducados. Yo tomélos y guardélos, aunque çierto me pesó, como Dios es verdad, en que no eran más" (50b–51a). No es ésta la única ocasión en que deja un ambiente cortesano con una recompensa en la mano. Antes, en Nápoles, cuando una de tantas vueltas de fortuna lo ha dejado en la pobreza, el encuentro inesperado con parientes y amigos sevillanos le permite vivir la vida regalada por la que tiene tanto aprecio. El marqués de Lichito —Luchito en el texto— y su esposa, María de Enríquez, lo hacen su huésped. De ellos se despide don Alonso dos meses después y consigna en su *Libro* lo siguiente:

> Y otro día en la mañana, aunque tarde, por dexarme dormir y por dormir en buena cama, me despertó un camarero suyo que traýa un mercader con muchas pieças de brocados y sedas de todas maneras y una pieça de paño frisado, del qual

> tomé un sayo y una capa y no nada de lo demás, aunque no fuý poco ynportunado. Estube allí sesenta días muy festejado, y al cabo déstos, contra la voluntad dellos, me partí de allí para Roma. Y dióme çient ducados y una haca blanca muy hermosa y otra para un paje, e una maleta de ropa blanca y treze varas de brocado pelo, muy escondido entre las camisas. (13a)

La ambigüedad de la última frase no nos permite saber si las trece varas de brocado fueron un obsequio o un hurto, pero la recompensa en forma de ropas y tela es bastante clara. Precisamente es en ropas y telas que la gente de placer de la corte de los Austrias recibía habitualmente su pago, según nos informa Bouza (*Locos* 109 y ss). Llama la atención la larga estadía del huésped —60 días— y nos hace especular en qué era que pensaba don Alonso cada vez que se proponía visitar a algún personaje rico e influyente. Constantemente nos habla de su obligación de "ir a besar las manos" de uno u otro poderoso a su paso por distintos lugares. Comprendemos ahora mejor su voluntad de hacer público su rechazo a la vida de "loquasidad" o "demasiada conversaçión" manifiesto en la carta a Francisco de los Cobos que citamos antes. Sin duda sentía la necesidad de distanciarse de un modelo de vida que, ajeno a su estamento y a sus pretensiones, había adoptado sólo por necesidad.

* * *

El don Alonso cortesano que se nos presenta en el *Libro* está lejos de ser el de Castiglione. Algunas declaraciones de don Alonso pueden hacernos pensar lo contrario, pero la lectura atenta del *Libro* y sobre todo la distancia entre el discurso y la acción del protagonista nos hacen ver rápidamente que no estamos ante el caballero perfecto. A partir de las evidencias presentes en el *Libro* y otra documentación conservada podemos decir que la naturaleza de la actividad cortesana de don Alonso está estrechamente ligada a su situación económica. Cuando falta el dinero hace uso de su "buena conversaçión" y ofrece esparcimiento a quienes pueden recompensárselo; una vez que se hace dueño de un patrimonio sus miras cambian y busca más bien convertirse en un privado del príncipe.

En general, don Alonso participa de las cualidades que caracterizan al *vir facetus,* con la salvedad de que no es un "loco" como otros (que no son hidalgos, provienen de un estrato marginal, tienen una deformación física o son cristianos nuevos). Nos da repetidas muestras a lo largo de su *Libro* de que practica las artes del *vir facetus.* La segunda jornada de *El cortesano* de Castiglione está dedicada a estas artes. En palabras de micer Federico, el buen cortesano puede destacarse por su "hablar largo" (en el que demuestra su urbanidad) y por el uso de "un dicho agudo y vivo" (179, 180). En sus diálogos con el emperador Carlos V nos da don Alonso ilustraciones de ambas modalidades. Esto nos dice que estas virtudes estarían generalizadas y que nuestro autor, en su afán de cimentar su pertenencia al estrato noble, no es ajeno a ellas. Lo que queda por ver es si don Alonso practicaba estas artes verbales con moderación. Ya vimos que en el diálogo con el mesonero de Zafra, la "mesura" (89b) aparecía como una de las virtudes del caballero. Habrá que ver si era mesurado don Alonso en sus palabras, y si era moderado cuando se trataba de hacer burlas.

Las continuas riñas a las que hemos hecho referencia antes imponen una respuesta negativa a las preguntas anteriores. Hay bastante evidencia en el *Libro* para sostener que el mal genio de don Alonso, reconocido por él mismo, produjo sus constantes desencuentros con diversos personajes.

Bouza, en su excelente y bien documentado *Corre manuscrito*, ha llamado la atención sobre la violencia verbal que caracterizaba la cultura ibérica de los siglos XVI y XVII. Nos dice:

> Ingenio y maledicencia se mezclan en la cultura de los caballeros del Siglo de Oro en un equilibrio inestable que con frecuencia termina por inclinarse, zahiriendo, del lado de la burla, aunque, pese a ello, la tratadística de corte insistiese en que ese tipo de ejercicios eran, más que agudezas de los caballeros, *frialdades* propias de truhán o de agreste. (126, itálicas en el original)

Don Alonso puede muy bien ilustrar esta tensión entre la necesidad de ser un cortesano ejemplar y la realidad más bien cruda del insulto o la gracia a costa de otros. Cuando repasamos los retratos verbales hechos por don Alonso, vimos algunos de carácter negativo, como los dedicados a Alonso de Alvarado (158b) o al fiscal Juan de Villalobos (184b). En ellos don Alonso muestra su odio y sus prejuicios de una manera que nunca veremos cuando escribe contra personajes más fuertes que él. Al asistente de Sevilla, Andrada, lo llama en su *Libro* "dragón," como hemos visto; incluso contra personajes menos poderosos, como los Tello, no escribe nada. Parece que don Alonso se guardaba de dejar por escrito sus ataques verbales contra quienes eran hidalgos como él. De que se expresó de manera reprensible no queda duda. Después de atacar a Tello y quedar a raíz de ello relativamente satisfecho, declara: "No pongo en este mi libro las palabras que pasamos, porque las que se dizen con ýnpetu no está en mano de las gentes ni se deve hazer caso dellas" (41b) y, más tarde, cuando le cuenta al mesonero de Zafra la deslealtad de Andrada dice: "Y sentí tanto esto que no me pude çufrir dél syn dezir mal dél en dicho y en hecho" (83b).

En ambos casos se ha omitido las palabras duras, quizá en obediencia a un pacto tácito por el cual don Alonso decide no ofrecer a sus lectores cortesanos el fuego verbal entre hidalgos. La alusión al intercambio de cartas de desafío entre don Alonso y Perico de Santervás nos permitió ver cómo los cortesanos se divertían con estos escritos en los que los involucrados se decían "lástimas." Ninguna alusión a palabras duras dirigidas a un hidalgo. Don Alonso transcribe los insultos de Hernando Pizarro a Diego de Almagro, pero lo hace con ánimo de mostrar los abusos de que es víctima el segundo y, además, ya sabemos la poca estimación de don Alonso por estos "compadres" que antes de ser conquistadores "con sus bateas sustentavan sus vidas" (139a).

Don Alonso no sólo practica la violencia verbal, además defiende la posibilidad y hasta la necesidad de hacerlo. La parte de su *Libro* donde esto es más evidente es el diálogo con el fraile franciscano en Zamora (72a–75a). Este intenta aplacar la furia que siente contra sus enemigos y le recuerda la caridad cristiana, a lo que don Alonso responde con el Evangelio: "El que no es conmigo contra mí es." Replica el fraile: "Luego el poder de Dios queréis tener" y, finalmente, don Alonso defiende su naturaleza mundana: "No quiero resuçitar muertos ni salvar ánimas ni governar los çielos y la tierra, mas quiero dezir mal syquiera de quatro o çinco que se traen por flor en Sevilla . . . "

(73b–74a). A diferencia del mesonero de Zafra, que aparecerá poco después, el fraile franciscano no logra calmar a don Alonso, quien insistirá en defender su derecho a expresarse mal de sus contrarios con la misma metáfora gastronómica que utiliza en otros lugares para resaltar la variedad de su *Libro*. Le dice al fraile:

> Digo mal de los que me quieren mal por dezir bien de los que me quieren bien, porque sy un manjar, como tengo dicho, no va mesclado de dulçe y agrio, no lleva sabor ni sazón. Y sy el conejo no lleva salmorejo, no le comen tan bien. Ni paresçe tan bueno el biendezir sy no ay un poco de maldezir. (75a)

El mal decir es, al igual que el bien decir, parte de la interacción social. Cada uno da sentido al otro. Incluso habría una valoración estética en el mal decir, como se desprende de la metáfora gastronómica (que introduce la idea de gusto en esto de ofender con palabras). Sin duda, estos insultos serían celebrados por otros. Los mismos corresponsales de don Alonso que disfrutan de las libertades que se toma con textos conocidos (los de Torres Naharro, por ejemplo), encontrarían también entretenido el exceso verbal. Si volvemos a la segunda jornada de *El cortesano* de Castiglione, vemos que contrahacer o remedar (185), "derivar" (194), "aplicar a algún caso un verso" (194) son algunas de las habilidades que el caballero debe mostrar en corte. La mesura es una virtud, pero no todos participan de ella. Las gracias y donaires sí están al alcance de todos y el límite entre lo permitido y el insulto debía ser rebasado constantemente. La necesidad de entretener a un superior explicaría en muchos casos esos excesos.

Esta voluntad de entretener con palabras correría entre dos extremos: las gracias con las que el cortesano brillaba sobre todo por su ingenio y sutileza en el uso del lenguaje, de un lado, y el insulto o la broma de mal gusto, de otro. De ambos encontramos en don Alonso. Repasamos en el capítulo anterior los usos que hace don Alonso de la literatura de su época. En los ejercicios de cortesanía que acabamos de nombrar se resume su trabajo sobre esa materia literaria. El último de ellos es el que don Alonso practica con más asiduidad. Miser Bernardo, en esa misma jornada de *El cortesano*, lo describe así: "Trae asimismo mucha gracia aplicar a algún caso un verso o más, o algún refrán o algún dicho trillado, tomándole en otro propósito diferente de como le tomaron los primeros inventores" (Castiglione 194). Así, hemos visto cómo muchos poemas pierden su contenido amoroso y se desmetaforizan para pasar a representar la circunstancia vital del autor.

De lo otro hemos visto ejemplos en algunos retratos negativos, donde nuestro autor ofende sin más a sus contrarios siempre y cuando, ya lo dijimos, no sean hidalgos. Nos queda ver si había algún límite en la falta de moderación o en las burlas. En el caso de don Alonso, el límite ciertamente trascendía aquello que decidía rescatar en su *Libro* e incluso iba más allá de lo verbal, como veremos en un último caso de donaire cortesano: el "recaudo falso."

En la misma segunda jornada de *El cortesano* encontramos también una alusión a estos "recaudos falsos," otra vez en palabras de Miser Bernardo:

> paréceme que recaudo falso no es otra cosa sino un engaño que puede pasar entre amigos de cosas que no ofenden nada, o a lo menos poco; y como en las gracias el decir al revés de lo que se espera trae risa, así en las burlas hechas, también la trae el hacer al revés de lo que esperamos, y éstas tanto más placer cuanto son más sotiles por una parte, y por otra moderadas, porque el que quisiese burlar desatentadamente, ofende muchas veces; de donde forzadamente han de nacer rencillas y grandes enemistades. (Castiglione 211)

Los recaudos falsos o engaños son la teatralización de una burla y por tanto un camino más seguro para ganarse el apoyo de un superior, o de varios. Don Alonso practica este juego de engaños y nos da cuenta de ello en su *Libro*:

> Dexé de escrevir una carcta aquí que escreví sobre el dicho recaudo falso que hezimos al conde de Medellín, —por lo qual fué [fui] desterrado—, que escreví a un cavallero llamado Pero Hortiz Manuel, persona muy honrrada e autorizada e más viejo que moço, que á quinze años que por esto no se çiñe espada. (124a)

El engaño está de alguna manera codificado. Se le identifica con el mismo nombre con que se le describe en *El cortesano*.[19] Además, se trata de una ocasión en la que participan no dos personas sino un grupo; "hezimos," dice don Alonso.[20] Cuando dice "hezimos al conde de Medellín" debemos entender "hicimos para divertir al conde de Medellín" porque la víctima es ciertamente Pero Hortiz.[21] Así, toda la trama queda orquestada en función de ofrecer esparcimiento a un noble. Finalmente, queda claro que la edad y falta de espada hacen de esta "persona muy honrrada" una víctima ideal. Las consecuencias no se hacen esperar y la víctima pedirá explicaciones: "Don Alonso, ¿hezistes vos este buen recaudo de convidar a mí y a mi hijo con el conde de Medellín syn saber él parte dello?" (124b). De primera intención, don Alonso niega los hechos en atención, nos dice, de la edad de Hortiz, porque este no lleva espada, por amistades que tienen en común y porque "los tales recaudos no se hazen syno para encubrirse" (124b). Luego, enterado de que Hortiz se ha ceñido espada y de que lo culpa públicamente, le escribe amenazadoramente reconociendo la autoría del "falso recaudo" y recordándole que él también está armado. El juego cortesano se ha convertido en un intercambio de amenazas que sólo la intervención de un amigo común logra apaciguar.

Estos juegos cortesanos, más o menos inocentes, nos van dando la idea de cuánto de lo que don Alonso vive y narra está condicionado por su relación con los nobles y por su deseo de ser aceptado por ellos. Su ingenio verbal, su disposición para las burlas y, como acabamos de ver, las consecuencias de esas burlas son la materia de su *Libro*. La narración de su vida es una documentación de su intento constante de pertenecer al estamento de la nobleza y, al ser las gracias y donaires su mejor carta de presentación, nos ofrece una visión muy completa de ese modo de vida. Al momento de reflexionar sobre la naturaleza de su *Libro* nos dirá que quiere aleccionar a los jóvenes de la nobleza pero lo cierto es que nos ofrece un catálogo de las distintas gracias que un hombre de placer tenía a su disposición para ganarse la buena voluntad de sus superiores.

* * *

Don Alonso debió sentir la necesidad de justificar su proyecto ante alguna persona que no estuviera relacionada con la corte pero que, al mismo tiempo, fuera respetada por los cortesanos. En su propio *Libro* tenemos la evidencia de que encontró a dos candidatos en Sevilla: Pedro Mexía y Nicolás Monardes. Don Alonso transcribe (239a–240b) una carta encomiástica del primero. Mexía, que había sido nombrado cronista oficial del emperador, gozaba de muy buena reputación en la corte y, además, se había alejado de ella por motivos de salud, lo que era garantía de gravedad y desapego de las cosas mundanas (Antonio Castro 1: 19). El otro sevillano es Monardes, cuya carta don Alonso también transcribe (276a–277a). A continuación, voy a dedicar unas líneas a esta carta porque el elogio de Monardes es precisamente un elegio de la autobiografía, o "escrevir de sí propio" como él la llama (276b). Además, en su elogio Monardes caracteriza el *Libro* de Enríquez de Guzmán con términos muy cercanos a los que hemos visto al repasar el tema de las misceláneas. Por todo esto, la carta de Monardes me parece un documento excepcional.

## El juicio de Monardes sobre la autobiografía

¿Quién es este Monardes? En sus notas, Keniston nos dice "Será Juan Bautista Monardes" (313), pero difícilmente encontraremos información bajo ese nombre. Es más, a partir de *La verdadera biografía de Nicolás Monardes* de Rodríguez Marín,[22] queda desvirtuada la existencia de tal personaje. Hasta los catálogos de Morejón[23] y Chinchilla,[24] todavía se consignaba a dos Monardes: Nicolás y Juan Bautista. Incluso se les atribuían libros distintos y hasta ideas encontradas. Sin embargo, los documentos exhumados y exhibidos por Rodríguez Marín dejan en claro que se trata de una y la misma persona. Monardes compartía con su padre, un librero que emigró de Génova a Sevilla, los nombres Nicolás y Juan Bautista. Nicolás era el nombre con el que más se le conoció y con el que se le diferenciaba del padre, por lo general llamado Juan Bautista (Rodríguez Marín 34 y ss.). Es más, entre esos mismos documentos hay alguno en el que nuestro Monardes es llamado alternativamente Nicolás, Bautista o licenciado Monardes (Rodríguez Marín 35 y 50). Nos interesa en especial este último título de licenciado porque es así como firma en la carta que transcribe don Alonso. La carta que figura en el *Libro* y el documento aducido (Rodríguez Marín 35 y 51) son de años consecutivos: 1545 y 1546, respectivamente.

Es la única mención a Monardes en todo el *Libro*. No debían ser amigos y la admiración que siente don Alonso por él no habría sido muy grande; en parte porque los hechos que nos interesan ocurren muchos años antes de que Monardes ganase celebridad como médico y como estudioso de las propiedades medicinales de las plantas americanas.

Don Alonso se refiere a Monardes como a "hombre sabio, curioso y honrrado" (276a). Son palabras similares a las que usa para hablar de Mexía al príncipe Felipe (274a). Ya vimos los sentidos de las voces *curioso* y *curiosidad* y no es raro que don Alonso llame así a estos hombres de libros.

Repasemos el juicio de Monardes en detalle y veamos qué tiene que decirnos con respecto al *Libro* en particular y al género (auto)biográfico en general. El licenciado Monardes declara que cuando "leýa la vida de Julio Çésar" admiraba cómo "tal prínçipe" se daba tiempo para ejercitar alternadamente la pluma y la espada. Así, celebra el *Libro* de don Alonso estableciendo una comparación entre este y el romano: "Lo qual Vuestra Merçed ymitando, sin ser Çésar, á querido ymitar y con justo título hazer en nuestros tiempos, siguiendo sus mismas pisadas en hechos en las armas y en eloquençia y historia con la pluma" (276a).

Resalto en primer lugar el hecho de que Monardes llama "vida" a los *Comentarios*, con lo que subraya que lee ese libro como si se tratara de una biografía. Una biografía, claro está, del mismo Julio César; escrita de mano propia. Mientras no se acuña el término *autobiografía* en el siglo XIX, *vida* refiere tanto a biografía como a autobiografía. Luego, al tratarse de la "vida" de un personaje encumbrado, se pierden los límites entre el ámbito particular del libro de una vida y el ámbito colectivo o público de la historia. Don Alonso ha diferenciado muchas veces en el relato de los hechos sus "acaesçimientos" de la "corónica" que otros escribirán. Justifica así que no se extienda en detalles que reconoce importantes pero que no afectan el ámbito particular de su existencia. Sin embargo, en el elogio hiperbólico de Monardes esa diferencia se borra en favor de la historia. Dice Monardes: "la historia y escritura es la cosa que haze a los hombres ynmortales" (276a). Al haber participado don Alonso de batallas y ejercido cargos en nombre del rey, la narración de sus hechos adquiere la relevancia de la historia.

Algo más importante que escribir historia o ejercitar a la vez la pluma y la espada admira Monardes en el *Libro*:

> Gran cosa es; en mucho lo tengo. Y más en escrevir de sí propio, porque escrevir lo de otros es poco el trabajo, mayormente siendo de persona en quien pareçen los hechos y dichos más de lo que son y le está bien al autor ensancharlos y engrandeçerlos,[25] como hizo Africano [Arriano] de Alexandro, Virgilio de Eneas, Omero de Ulises . . . Pero de sí propio y cosas tan ynsignes y tan dignas de ser sabidas, notable cosa es. . . . (276b)

Por una razón que desgraciadamente Monardes no explica, la labor del biógrafo resulta ser más sencilla o menos exigente que la del autor de una autobiografía. Quizá se trata de un compromiso con la verdad que caracteriza al autobiógrafo. El autor de una biografía puede "engrandeçer" al objeto de su libro y "está bien," concede Monardes. Por su parte, quien escribe "de sí propio" tiene un compromiso con la exactitud histórica en tanto que escribe "cosas dinas de saber y obras tan propias para imitar" (277a). El biógrafo celebra; el autobiógrafo educa con la verdad. En su elogio del *Libro* de don Alonso no tardará Monardes en hacer alusión al *docere et delectare* horacianos.

Efectivamente, en su elogio de los contenidos del *Libro* Monardes hace una lista de todo lo que se puede encontrar en él; es decir, de todo lo que se puede aprender de él. Éstas son sus palabras:

> porque aliende del aviso que se da a los de la profesión militar, ay en el libro de Vuestra Merçed cosas que ymitar, obras que alabar, cargos y ofiçios que [llevar], prosperidades que notar, adversidades y ynfortunios valerosamente sufridos, cartas de que tomar dechado, dichos graçiosos, obras donosas. De modo que se puede dezir de su libro de Vuestra Merçed lo que dize Oraçio del que açierta bien a escrevir, que aquel es escrevir bien que mezcla lo dulçe con lo provechoso, agradando el letor y conmoviéndole a lo que quiere. (276b)

Educar y entretener, sí, pero además se destaca la variedad de contenidos; con lo que volvemos a la cita de Bataillon, "en el siglo XVI todo libro corría el riesgo de convertirse en miscelánea" (636), pues esta descripción que hace Monardes del

*Libro* ciertamente recuerda la de este género. A diferencia de Bataillon, que tenía un conocido desprecio por el género de las misceláneas y en especial por la *Silva de varia lección* de Mexía (637), Monardes las habría mirado con buenos ojos puesto que para elogiar el *Libro* de su vecino Alonso Enríquez de Guzmán no encuentra mejor solución que compararlo con ellas.

Con la lectura y comentario de la carta de Monardes concluyo mi examen de las misceláneas y su recepción como elemento fundamental para la constitución del *Libro* de don Alonso. Tanto él como sus contemporáneos disfrutaban y admiraban ese tipo de lectura y no es extraño que su proyecto haya terminado pareciéndose a ese género que dominaba la preferencia de los lectores del siglo XVI en España y Europa. En este cruce entre autobiografía y miscelánea podemos ubicar la obra de don Alonso. Lo que le da un lugar en la historia de la constitución del género autobiográfico en España es haber reconocido en las misceláneas que tanto éxito tuvieron en su época un formato en el cual volcar su experiencia vital.

* * *

A partir de lo anterior, podemos ahora señalar una doble dimensión del *Libro* de don Alonso. De un lado, existe una utilidad práctica del texto, que no es otra que hacerse un lugar entre los nobles de la corte y ser aceptado por ellos. Ya hemos visto que el medio a través del cual se pretende conseguir esto es la composición de una lectura a la vez variada y entretenida. De otro lado, en su intención —no siempre respetada por el autor— de servir de ejemplo y lección a los jóvenes nobles, don Alonso construye una voz narrativa que lo trasciende. La imagen que ha construido de sí mismo está destinada a perdurar.

Vemos en el *Libro* una valoración del individuo que corresponde a la revolución humanista del culto a la individualidad. Las autobiografías, nos dice Gusdorf (9), surgen en un momento específico de la historia de la humanidad y en un contexto occidental.[26] Ni de sus lecturas ni de una reflexión sobre el valor del individualismo ha sacado don Alonso la conclusión de que escribir la historia de su vida es una tarea digna de llevarse a cabo. Habría que decir más bien que participa de una tendencia general que otorga a una perspectiva individual del mundo un valor en sí. Aunque autores de obras muy distintas entre sí, Hernando del Pulgar, Francisco López de Villalobos, Francesillo de Zúñiga y Antonio de Guevara habían escrito textos que compartían al menos dos características que debieron seducir a don Alonso: su lectura era una fuente de placer y el autor podía proyectar en lo escrito su propia trayectoria vital.

En su ensayo "Condiciones y límites de la autobiografía," Gusdorf destaca dos aspectos de la autobiografía a nuestro entender decisivos: uno, las autobiografías se escriben en determinado momento de la historia y, dos, se escriben en función de una idea preconcebida (como si siguieran un guión, según la metáfora cinematográfica usada por Gusdorf).

La revolución espiritual que tuvo como consecuencia la valoración de la individualidad permitió a hombres como don Alonso sentirse autorizados a contar la historia de su vida.

Creo que existe una idea preconcebida en el *Libro*, una imagen particular de sí mismo que el autor ha querido transmitir a sus lectores. Por lo expuesto hasta ahora podemos decir que don Alonso proyecta a través de los distintos contenidos que ofrece a sus lectores una imagen específica de sí mismo: la de cortesano. Un soldado esforzado durante las campañas; y un tipo divertido y ocurrente entre los miembros de la corte. En esta doble faceta del caballero, don Alonso se inclinó más por lo segundo, y su *Libro* es sobre todo el testimonio de su intento de formar parte de la corte ayudado de sus habilidades para entretener (sea con noticias curiosas o directamente con gracias y donaires).

Si existe ese propósito que le da sentido al conjunto, entonces la manera de entender las autobiografías que nos propone Gusdorf es útil para una lectura del *Libro* de don Alonso. Sólo hay una salvedad que hacer y es que del ensayo de Gusdorf se desprende que quien escribe una autobiografía es un intelectual (a veces un hombre oscuro, pero intelectual al fin). El caso de don Alonso demuestra lo contrario. Justamente la autobiografía le ofrece la posibilidad de escribir un libro, de ser un autor, sin necesidad de ser un intelectual. Quien escribe la historia de su vida tiene su propia experiencia como fuente de donde tomar materiales. El autor, el filósofo, escribe sobre cosas "sacadas de su propio entendimiento," mientras que el autor de una autobiografía puede ofrecer lo visto y lo vivido. El mismo don Alonso establece esta diferencia en un pasaje de su *Libro* y, aunque consciente de que ofrece lo segundo, no quiere dejar pasar la oportunidad de intentar lo primero, incluso si es sólo brevemente. En ese momento nada más, don Alonso puede aspirar a compararse con los escritores que admira. La autobiografía no es la obra de un intelectual necesariamente; más bien permite a quien no lo es alzarse hasta esas alturas y proclamarse, siquiera una vez, autor.

Para Jean Molino también es fundamental señalar las condiciones históricas que hacen posible el discurso autobiográfico. Es con el Renacimiento, nos dice, que el sentimiento de una interioridad se precisa y profundiza (119). Hace bien Molino en afirmar que la revolución cultural del Renacimiento no crea, necesariamente, la autobiografía sino una forma nueva de lo que él llama "retour sur soi" (122). Después de todo, es fundamental situar cada autobiografía en su contexto histórico.

Frente a la división que propone Molino (127) de una España optimista y alegre (que corresponde al reinado de Carlos V) y otra austera e inquieta (que corresponde al reinado de Felipe II), habría que decir que por su carácter y experiencia cortesana, don Alonso participa de ambas vertientes y por tanto, el gusto por la aventura le alcanza por partida doble. Un sentido de la aventura individual atraviesa el *Libro* de don Alonso desde el primer episodio hasta el último.

Otra luz que arroja el ensayo de Molino sobre la obra de don Alonso es esa idea de que el individualismo se manifiesta en España a través de un doble proceso de "*littérarisation*" de la vida y de inserción de los temas de la literatura de aventuras en la vida (127).[27] Ya hemos hablado de la relación especial que guarda don Alonso con la literatura. Su caso es una buena ilustración de cómo la literatura puede ayudar a moldear y además dar contenido a la narración de una vida. En don Alonso, verso y prosa, escritos por él o tomados de otros, son elementos con los que se puede construir un relato original. En don Alonso, lo ajeno se vuelve creación nueva. Cuando toma prestado, nunca ofrece al lector el préstamo sin más, siempre lo regresa recreado, modificado; es decir, reapropiado por él.

Es en este contexto que don Alonso encuentra la posibilidad de justificar un libro cuyo tema es su vida. Todas las cartas que dan cuenta de su "conversaçión" con el rey, el príncipe y lo mejor de la nobleza, así como el relato, a veces serio y otras jocoso, de sus peripecias adquieren sentido y unidad en el *Libro*. Al interior de la corte y el estamento noble, por donde circula, el *Libro* cumple la misma función que el hombre: ofrece esparcimiento con sus gracias y donaires, noticias curiosas recogidas durante sus viajes y también consejos prácticos (un saber que, aunque modesto, se comunica con orgullo porque su fuente es la experiencia acumulada). Esta es la dirección que el autor le ha dado a su *Libro*. Es la forma específica en que se manifiesta lo que Jean Molino ha llamado un "retour sur soi" (115–16); es decir, la actitud existencial que está en la raíz de la empresa autobiográfica.

* * *

Don Alonso se refiere constantemente a una lectura póstuma (293b, entre otros lugares). Esto se justificaría sólo por la certeza del valor de su visión del mundo. Nuestro autor confiaba en la posibilidad de trascender su vida y proyectar una imagen de sí mismo hacia la posteridad. Su *Libro* sería el vehículo que llevaría su voz y su experiencia del mundo a otros. Este convencimiento es sólo posible después del Renacimiento, cuando el hombre, en palabras de Gusdorf "tom[a] interés en verse tal como es, alejado de toda premisa trascendental" (12). Don Alonso, sin tener una conciencia lúcida de esta mentalidad, se acerca a ella por el sólo hecho de valorar su experiencia personal y la narración que hace de ella.

Para terminar este capítulo, reviso dos rasgos característicos de esta mentalidad de valoración del individuo presentes en el *Libro*. Cuando don Alonso empieza aventuras significativas, que suponen un cambio de rumbo en su vida, crea lemas y otros símbolos exteriores de esa nueva vida que comienza. Llamamos la atención sobre esto en el segundo capítulo. Veamos ahora esos lemas en un contexto renacentista de creación y recreación de la propia imagen. Hacia 1521, al salir desterrado de Sevilla, don Alonso nos ofrece una imagen de su partida que podemos llamar teatral:

> Vestí dos pajes e un moço de espuelas con sayos negros y unas letras de terciopelo verde en las espaldas y en los pechos que dezían: "A la ventura," y una cama y dos reposteros con un mundo señalado en ellos, y una espada atravesada por

> él, en lugar de las armas que de mis padres eredé, que son castillos y leones y calderas y bocas de sierpes. Y del mundo salían quatro rótulos que dizen: "A la ventura," y por orla alderredor del repostero un letrero que dize: "Ven, ventura, que hallarás en mí bien en quien cabrás." (16b)

Este pasaje del *Libro* nos ofrece un cuadro vivo del autor al momento mismo de iniciar una aventura. Nos muestra su voluntad de reinventarse o de construirse una nueva persona para hacer frente a una nueva circunstancia vital. Más adelante, al decidir su paso a América, pone en sus banderas este lema en letras doradas: "Quien no teme la muerte, goza la vida" (107b). Finalmente, en su última salida, esta vez hacia Alemania, no le falta un letrero: "Si açertare o si errare, / si bibiere o si muriere, / contento con lo que fuere" (292b). En esta valoración de la aventura y aceptación orgullosa del propio destino, don Alonso se nos revela como un espíritu libre, casi ajeno a las ataduras de la sociedad estamental a la que pertenece y que la mayor parte del tiempo defiende. No es una contradicción necesariamente; es más bien la tensión propia de una personalidad, la de don Alonso, que se encuentra entre dos polos: el del caballero que debe asegurar su lugar al interior de un estamento noble minuciosamente jerarquizado y el de ese espíritu libre que lo impulsa a la aventura y a desobedecer esas jerarquías.[28]

Esa imagen del mundo que lleva don Alonso en sus reposteros es también representativa de esa voluntad que tiene de ver mundo. El conocimiento del mundo o la posibilidad de ver lo más de él es también uno de los temas del *Libro*. No olvidemos los preliminares que anuncian: "o tú, amantísimo letor, si eres curioso por saber e ynvestigar la monarquía del orbe terreno, hágote saber que leyendo esta mi scriptura abrás sabido lo que en verdad dél se puede dezir, porque ví lo que screví y screví lo que ví" (7). Son varias, y las hemos citado en otros pasajes, las partes en que don Alonso se jacta de ir conociendo distintos lugares del mundo. Sin duda una lectura del *Libro* desde la perspectiva de los estudios sobre literatura de viajes arrojaría conclusiones importantes. El viaje puede ser para don Alonso no sólo un medio —para enriquecerse, por ejemplo—sino también un fin en sí mismo: "determino de gastar mill ducados, que —a Dios graçias— no me harán probe, y ver la dulçe Francia y aquel país que no he visto . . ." (257b).

El segundo rasgo de esta mentalidad renacentista que encontramos en don Alonso se manifiesta como una voluntad democratizadora del valor asignado a una vida humana. Al escribir un libro sobre sus "acaeçimientos" y pretender que puede ser lectura útil para otros, don Alonso nos dice que la voz de un hombre vale tanto como la de cualquier otro. Leamos un pasaje muy significativo del *Libro*, que lleva justamente como título "Pareçer del auctor":

> Los sagrados doctores, demás de lo que vieron y oyeron, escrivieron cosas sacadas de su juiçio y entendimiento natural, espeçialmente los sabios filósofos, que fueron honbres como nos. Y aunque yo no sea tan doctor ni tan filósofo que quiera presumir de tanto entendimiento, no quiero dexar de escrevir, juntamente con lo que tengo escrito en este mi libro que é visto, oýdo y entendido, pasado y trabajado, alguna cosa de lo que entiendo, pues me ayuda para ello el tiempo y espirienҫias. (288b)

Los padres de la Iglesia, dice don Alonso, eran "hombres como nos." Difícilmente encontraremos una ilustración más clara de la valoración del individuo. Aquí en particular, don Alonso subraya el valor de aquello que tiene que decir. Distingue entre los datos de la experiencia y el saber sacado "de juicio y entendimiento"[29] y por única vez reclama la autoridad de poder aportar a ambas vertientes. Después de estas palabras, el "auctor" ofrecerá reflexiones generales sobre diversos temas (gobierno, matrimonio, etc.). En el pasaje citado también destaca una valoración de la experiencia en dos sentidos: el valor de aquello que se vive y se narra ("ví lo que screví e screví lo que ví," 7) y también el saber resultado de la experiencia acumulada. Es en este movimiento que va de la experiencia directa de los hechos hacia el saber que es producto de esa experiencia que don Alonso muestra su conciencia de ser un individuo único, irrepetible y por tanto justificado en su empresa de escribir "el discurso de mi vida."

# Conclusiones

El estudio de nuestras autobiografías del siglo XVI resulta más fructífero cuando se hace dentro de los márgenes propuestos por críticos como Georges Gusdorf y Jean Molino. Es decir, sabiendo que a épocas distintas corresponde si no una concepción al menos una práctica distinta de lo que es la autobiografía. Y aun dentro de una misma época la experiencia vital traducida en narración adquiere características propias que se explican por la psicología y la actitud existencial de cada autor, así como por circunstancias materiales concretas. Sirvan de ejemplo las autobiografías de dos soldados, aunque no fueron tema de nuestro estudio: Jerónimo de Pasamonte, que relata sus oraciones y escribe con el temor de que su cautiverio entre musulmanes despierte dudas sobre la ortodoxia de su fe, y Alonso de Contreras, prototipo del hombre de acción que se retrata a sí mismo como pícaro o como personaje de comedia de capa y espada. Difícilmente encontraremos narraciones tan diferentes una de otra como la de estos dos soldados españoles del siglo XVII.

Al estudiar los textos de autores tan distantes en el tiempo como doña Leonor López de Córdoba y Diego Galán —por señalar dos extremos cronológicos— no hemos querido proponer un modelo de análisis que valga para ambos; más bien, hemos leído cada autobiografía con acuerdo a sus peculiares circunstancias. Es decir, en cada caso nos hemos hecho preguntas de este tipo: ¿quién escribe?, ¿para quién?, ¿con qué objeto? Y ya que se trata de escritores, aunque no necesariamente gente de libros, nos hemos preguntado también ¿qué leían?, ¿qué educación recibieron? y hemos querido siempre averiguar cómo esas lecturas, o cómo su cultura, en general, ha moldeado aquello que escribieron.

Hemos encontrado que los autores de la historia de sus vidas, desprovistos de modelos que guiaran su redacción, han recurrido una y otra vez a las lecturas más prestigiosas o populares de su tiempo. La relación entre la producción autobiográfica y los contextos vitales y textuales de sus autores ha sido en todo momento objeto de nuestro mayor interés. Las circunstancias biográficas de cada autor y el conocimiento del contexto histórico han sido siempre determinantes a la hora de proponer nuestras interpretaciones de los textos. Ello nos ha permitido muchas veces corregir muchas distorsiones presentes en la bibliografía consultada.

De lo anterior es un buen ejemplo doña Leonor López de Córdoba. Buena parte de la bibliografía sobre su memorial se apoya en concepciones contemporáneas de la autobiografía y desprecia la información histórica existente. El resultado de esto es que las interpretaciones de su memorial resultan, de un lado, anacrónicas, y, de otro, opuestas a las evidencias conocidas.

Hemos aprendido que doña Leonor escribe de una manera que deja entrever su familiaridad con la literatura hagiográfica. De otro lado, la misma autora muestra abiertamente su voluntad de escribir un texto que pueda leerse y escucharse junto a —y a veces contra— las crónicas de los reyes castellanos.

La *Suma* de Diego García de Paredes es un texto bastante breve pero muy significativo del valor que podía tener la historia de una vida narrada para un hijo a modo de lección sobre el honor y el coraje. La falta de una cultura literaria en García de Paredes y la ausencia de un estilo cuidadoso dan como resultado una transparencia de las intenciones del texto. Conocedor o no de los libros de caballerías, García de Paredes se comporta en su despliegue de valor y violencia como muchos caballeros andantes que la literatura alberga. Si no leyó sus historias, las habría escuchado y las tendría presentes a la hora de redactar en su lecho de muerte una historia de sus hazañas para la instrucción de su hijo.

La lectura del relato del *Cautiverio y trabajos* de Diego Galán nos ha mostrado un caso excepcional de interferencia entre la voluntad de componer un discurso autobiográfico y la necesidad de remedar los usos de la literatura cuando se quiere mandar esa autobiografía a la imprenta. La crítica no reparó en ello hasta el año 2000, pero Galán, como otros soldados y aventureros, había escrito dos versiones de sus peripecias. La primera narraba de manera lineal y sin adornos retóricos la historia de su cautiverio entre musulmanes a fines del siglo XVI. La segunda, que él prepara muchos años después y con miras a una publicación, está atravesada de los clichés literarios que un lector no muy sutil tenía a su alcance en los siglos XVI y XVII. Al rehacer su libro, Galán convierte su narración autobiográfica en una —¿quizá la primera?— autobiografía novelada en la que muchos rasgos estilísticos y de estructura de autores como Luis de Góngora (metáforas mitológicas) y Mateo Alemán (relatos intercalados), por mencionar los dos más conocidos, desvirtúan el propósito inicial de contar una historia real.

Don Alonso Enríquez de Guzmán no da muestras ni en su cultura ni en su estilo de haber frecuentado mucho la literatura escrita. Sin embargo, en su *Libro* se nos revela como una persona con una relación especial con la literatura, en especial con la lírica. Constantemente injerta en su prosa versos tomados de villancicos y romances que sabe de memoria y que usa por lo general con acierto para dar cuenta de las circunstancias de su vida.

En la disposición de su *Libro* muestra una relación de dependencia con tres autores del siglo XVI: Bartolomé de Torres Naharro, Antonio de Guevara y Pedro Mexía. De ellos aprende que la variedad de temas y géneros discursivos puede hacer de un libro una lectura amena, que se lea por porciones, casi como se leen las cartas.

En particular es importante la influencia de un autor como Antonio de Guevara, no sólo por la variedad de su obra (en la cual sobresalía la práctica de la biografía y a la vez la proyección de la persona del autor en aquello que se escribía) sino también porque su éxito en la corte, cimentado con sus libros y sus ocurrencias, representaba sin duda para don Alonso un modelo de vida a imitar.

Hemos visto cómo es que el libro de misceláneas que son las *Epístolas familiares* de Guevara daría mucho aliento a don Alonso en su proyecto de componer un libro hecho de cartas de esparcimiento dirigidas a personajes poderosos. La *Silva de varia lección* de Pedro Mexía, libro más representativo aún del género de las misceláneas, ejercería no menos influencia con sus apartados de narraciones breves e interesantes, sus muchas biografías y sus noticias de hechos curiosos.

La variedad de noticias y hechos curiosos era algo que nuestro autor podía ofrecer debido a que las circunstancias específicas de su vida así se lo permitían. Si don Alonso se siente atraído por las misceláneas, lo cierto es que es muy distinto del típico autor de ese género. Las noticias que da provienen de su experiencia real y no de su contacto con diversos libros. Con todo, el formato de ese género sin duda le ofreció un soporte en el cual volcar la historia de su vida y los materiales (cartas, poemas) que había ido reuniendo a lo largo de años.

Aunque no excepcional, el despliegue de lecturas de Enríquez de Guzmán pone sobre la mesa el tema de la circulación de libros y lecturas en el Nuevo Mundo durante la primera mitad del siglo XVI. Se conoce bastante sobre la circulación de libros de Sevilla hacia América en la segunda mitad de ese siglo, como queda claro en el estudio pionero de Irving Leonard, pero de la primera mitad, muy poco. El *Libro* de don Alonso nos ha permitido revisar literatura del siglo XV (como Juan de Mena) que mantiene su vigencia al otro lado del océano o del siglo XVI (como Torres Naharro o Antonio de Guevara) que rápidamente da frutos y se adapta a las circunstancias de un mundo recién descubierto. Sólo el viaje transatlántico de una edición sevillana de la *Propalladia* de Torres Naharro nos muestra la vigencia y relevancia de una literatura que es capaz de dar cuenta de las experiencias vividas por sus lectores. No hay nada libresco en esto; es más bien una relación natural y directa entre un lector y sus lecturas: la experiencia que se ha vivido se expresa con las palabras leídas u oídas.

Gracias a la historia de su vida que él mismo nos ofrece y a las circunstancias históricas que rodearon esa vida hemos tenido la oportunidad de apreciar a un cortesano del siglo XVI en su tarea de hacerse un lugar en la corte. Pobre y sin recursos, esta tarea era especialmente dura para nuestro autor; tanto así que tuvo que recurrir a todo tipo de estrategias para ganar el favor real (en la forma del hábito de la Orden de Santiago y un lugar como gentilhombre del rey). Así, fue soldado en las campañas militares y loco fingido en la corte o en presencia de nobles.

Hemos descubierto que en sus repetidos intentos por asegurarse un lugar en la corte, don Alonso diseña un proyecto bastante original: componer un libro que circule por la corte y por las manos de los nobles. Este libro debía cumplir entre esos personajes de rango el mismo papel que él cumplía cuando estaba entre ellos; es decir, ser fuente de gracias y donaires. Es este el contenido de gran parte del *Libro*, sobre todo en su primera parte. La segunda, llena del recuento de los problemas que arrastró su polémico paso por América, deja un poco de lado —pero no del todo— esa vertiente para asumir otra más generalmente asociada al discurso autobiográfico: la reivindicación personal.

Tal y como vimos al estudiar la anécdota que abre el *Libro*, don Alonso ha sabido crear una imagen de sí mismo que lo hacía aceptable entre los miembros de la corte: la del caballero noble desbaratado. Del mismo modo que esa anécdota inicial resumía su trayectoria vital, el libro como conjunto se convirtió en un sucedáneo de su persona porque, lo mismo que él, ofrecía al interior de la corte la diversión que sus miembros esperaban y que seguramente estaban dispuestos a retribuir. Si para la mentalidad renacentista la carta suponía la posibilidad de un diálogo a la distancia, el libro sobre su vida permite a don Alonso mantenerse presente en la corte mientras está alejado de ella. No es poco mérito para un autobiógrafo del siglo XVI haber creado una obra de tal vitalidad.

# Notas

## Introducción

**1.** Este compendio de la vida de Enríquez de Guzmán está basado en el ensayo biográfico que acompaña la edición crítica de Hayward Keniston, así como en la información que el autor da de sí mismo. A menos que se indique lo contrario, todas las referencias a Keniston remiten a esa edición.

**2.** Quien entraba al mundo de la imprenta debía estar familiarizado con su tecnología así como con su potencial comercial (Eisenstein 112–13). El noble debía sentirse más cómodo en su papel de mecenas.

**3.** Lo que entiendo por autobiografía está fuertemente influido por Gusdorf (ver al final Fuentes citadas) y su idea de que en la narración autobiográfica hay una finalidad que le da coherencia al conjunto.

**4.** Nicolás Juan Bautista Monardes. Ver el capítulo 3.

**5.** Fuera del contexto hispano, Greenblatt ofrece un estudio inspirador sobre el cultivo de la imagen en la época que me interesa. En *Renaissance Self-Fashioning* Greenblatt nos recuerda que en el siglo XVI hay una creciente autoconciencia de que la identidad es un proceso manipulable y hasta artístico (2). Enríquez de Guzmán se constituye en una ilustración perfecta de las tesis defendidas en este libro porque en él la representación adquiere un lugar central tanto en la vida social como en la escritura.

## Capítulo uno
## La tradición autobiográfica española: Desde doña Leonor López de Córdoba hasta Diego Galán

**1.** Sánchez Alonso (1: 352), Ayerbe-Chaux ("Las memorias" 11) y Deyermond ("Spain's" 31) señalan diciembre de 1362 o enero de 1363. Hay consenso en la crítica en el año 1363. De esta opinión son Amanda Curry (38), Carmen Juan Lovera (260) y Frieden (118), entre otros. Sin embargo, la edición del *Cancionero de Baena* de Brian Dutton y Joaquín González Cuenca da como fechas 1357–1430 (628; Frieden 117). Por su parte, María Jesús Lacarra refiere a un testamento dictado el 6 de febrero de 1428 (732). Para información reciente sobre el entorno familiar de doña Leonor, consultar el libro de José Carrillo de Albornoz Fábregas.

**2.** Este es el contexto histórico tal como nos lo ofrece Valdeón Baruque: "Una serie de focos adictos a la causa del legitimismo subsistían en Castilla [después del asesinato del rey Pedro I]. En el centro de la Meseta la ciudad de Toledo resistía, a pesar de que la escasez de alimentos haría muy dura la vida en su interior. Los restantes núcleos de resistencia al Trastámara se encontraban situados en las regiones periféricas de Castilla. Al sur los partidarios del rey legítimo se encerraron en Carmona al mando de Martín López de Córdoba, maestre de Calatrava por don Pedro. El rey asesinado había escogido aquella villa andaluza como lugar de refugio, llevando allí a sus hijos y su tesoro. Amparados en unas excelentes fortificaciones y poseedores de una moral combativa muy alta los refugiados de Carmona resistirían los asedios de las tropas enriquistas durante dos años. Pero es evidente que, pese al peligro que entrañaba para el nuevo régimen este grupo de rebeldes andaluces, se trataba de un foco aislado" (205–06). Sobre la selección de Carmona como fortaleza, ver la *Crónica* de Pero López de Ayala, año IV de Enrique, capítulo 2 (2: 269). Sobre el episodio más importante de la defensa de Carmona, ver en la misma el año VI del reinado de Enrique, capítulo 1 (2: 315–16). Mis citas de la crónica de Ayala las hago según la estupenda edición de Orduna que ha rescatado la concepción particular –una crónica para dos reyes– con la que Ayala da cuenta de años especialmente difíciles. Es la *Crónica del rey don Pedro y del rey don Enrique, su hermano, hijos del rey don Alfonso onceno*. En lo que sigue la llamaré *Crónica*.

**3.** Las crónicas nos dicen que el maestre puso a salvo a dos hijos bastardos de Pedro I. Doña Constanza, hija de Pedro I y madre de Catalina de Lancaster, se encontraba en otro lugar (a saber, Bayona) durante el cerco de Carmona. Según Valdeón Baruque: "la heredera legal de Pedro I era su hija doña Constanza, que vivía en Bayona, en calidad de rehén del Príncipe Negro, por las deudas que con él había contraído el Cruel" (245). Ver también López de Ayala, *Crónica*, año XVII de Pedro, capítulo 24 y año II de Enrique, capítulo 20 (2: 153 y 203, respectivamente).

**4.** El proceso de beatificación de fray Álvaro de Córdoba (perfecto contemporáneo de doña Leonor) habría posibilitado de manera indirecta la supervivencia del memorial puesto que el principal biógrafo de fray Álvaro, Juan de Ribas, habría establecido erróneamente en el siglo XVII una relación familiar entre el santo varón y doña Leonor (ver Lacarra 737–39).

**5.** Recientemente Hutcheson (182).

**6.** Amasuno (68) ha llamado la atención sobre un documento de 1396, firmado en Córdoba, con el que se establece la cesión a favor de Leonor de una almona o fábrica de jabones. Carmen Juan Lovera (262n) ha presentado un documento del Archivo de Simancas en el que el nieto de doña Leonor confirma su derecho de propiedad sobre la tienda de jabón. La fecha de la cesión es el 7 de junio de 1396. Doña Leonor debió dictar su memorial pocos días antes. Humilde como puede parecer, esta almona recibida por orden real significó el inicio de una carrera ascendente que hará de Leonor una figura importante en la corte por los próximos 16 años. Sobre el valor real de una almona, ver C. Juan Lovera (262), así como las líneas que a ella dedica Luis de Zapata, que también llegó a beneficiarse de ella, en su *Varia historia* (216).

**7.** La muerte por fuego no sería extraña para los contemporáneos de doña Leonor. Si las decapitaciones eran castigo frecuente, las infamias en particular acababan con la quema del culpable. En el *Sendebar* (s. XIII), la madrastra que ha calumniado al príncipe es condenada a morir quemada.

**8.** Interesantes conjeturas sobre la educación de Leonor y sus probables lecturas en la tesis de Frieden (122–26).

**9.** El episodio al que me refiero corresponde al año II de Enrique, capítulo 24 (2: 223–24). El mismo cronista nos dice que este hecho irritó a Pedro I al extremo de mandar matar al maestre. Habiendo este sido capturado, sólo la intervención del rey de Granada aplaca la ira real y salva su vida. Hecho significativo pues pone en evidencia las dificultades existentes en la relación entre el maestre y su rey, omitidas por supuesto en el relato de doña Leonor.

**10.** Más recientemente Lacarra (735–36).

**11.** Para Vozzo se trata más bien de un *exemplum* (15).

**12.** La novedad historiográfica a fines del siglo XIV ha sido largamente discutida. Después de habérsele atribuido a Ayala —la gran figura de la historiografía a fines de ese siglo— características propias del historiador humanista, una crítica mejor informada ha dado a su obra una valoración más precisa. Ver Tate (33–54), Gingras (*The Medieval* y "López de Ayala's" 187–201) y Orduna (1: xlv). Aunque no nos interesa detenernos mucho en Ayala, sí nos importa señalar que doña Leonor, aunque no escribe historia, comparte el punto de vista aristocrático que según los críticos aquí mencionados guió la pluma de Ayala.

**13.** En otro episodio de la *Crónica*, Bertrand du Guesclin es protagonista junto con el príncipe de Gales y el rey de Francia de un episodio caballeresco ejemplar. El príncipe de Gales ha tomado prisionero a Bertrand en Nájera y luego trata su rescate con el rey de Francia. Durante los tratos cada uno de los tres implicados da bastantes muestras de caballerosidad, con el énfasis puesto por López de Ayala en el tratamiento que recibe un prisionero. López de Ayala cierra así el episodio: "E por estas rrazones se puso aquí este cuento, ca las franquezas e noblezas e dadiuas de los reyes grand rrazon es que finquen en memoria e non sean olvidadas: otrossi las buenas rrazones de cauallerias" (2: 191–94).

**14.** "I have a clear vision of the unfortunate notary, trying desperately to keep everything on a proper level of legal phraseology, being overwhelmed by Leonor López' flood of words, and realizing with a sigh that he had better reconcile himself to writing the story just as she told it" (Deyermond, "Spain's" 31).

**15.** "Las *Memorias*, mejor que un documento más o menos público de defensa de su honor humillado, es posible que sean una confesión y un examen privado de su vida que entrega Leonor al convento de San Pablo. Este recuento de sus penas y de la forma en que el cielo la ha ido ayudando le dan consuelo y esperanza en la tragedia que la agobia" y más adelante: "Las *Memorias* son un documento privado, un escrito en el cual Leonor agobiada por una tragedia en la cual no deja de sentirse culpable . . . examina los sufrimientos de su vida y trata de aferrarse al recuerdo de la ayuda y el perdón del cielo en otras circunstancias difíciles y trágicas. Esa experiencia, así lo desea, puede dar esperanza a otras personas que sufren" (Ayerbe-Chaux, "Leonor López" 19 y 23, respectivamente).

**16.** Una perspectiva muy interesante de lectura nos presenta Frieden cuando dice del memorial de Leonor: "Much of her account is a refutation of the facts Ayala presented" (152). Pedro López de Ayala, en su *Crónica*, había dejado un retrato poco favorable del padre de Leonor. A los ojos del bando ganador, el de los Trastámara, el maestre era un traidor. Hay que señalar que las fechas propuestas para la redacción de la *Crónica* no permiten hacer esta conjetura. Sánchez Alonso (1: 216) supone que Ayala (1332–1407) debió redactar "en sus últimos años." La *Crónica* quedó interrumpida en los hechos relativos al año 1396 (ver Sánchez Alonso 1: 299 y Orduna 1: xxxvi–xli). Por su parte, Gingras propone que la *Crónica* se redactó hacia 1398 ("López de Ayala's" 187).

**17.** El testamento de Enrique II ordena la liberación de todos los presos cristianos, sin especificar nombres (*Crónica* 2: 427: "Otrossi que mando que todos los presos cristianos que sean en el mi rregno, ingleses o portugueses o de otra nacion, que sean todos sueltos"). Las "Coronicas de España" ofrecen un relato distinto de los hechos de Carmona y de los tratos entre el maestre y Enrique II (*Crónica* 2: 317–18). La crítica ha llamado la atención repetidas veces sobre esto (Pope 72–73; Frieden 154).

**18.** Alonso Pedraz (ver las distintas entradas).

**19.** En ambos casos he modernizado la ortografía.

**20.** Ver Alonso Pedraz, que remite al *Universal vocabulario* (1490) de Palencia.

**21.** Y después de ponerlo por escrito, lo fija en piedra. Años después, en 1409, Leonor consideraba que el honor de su familia y el buen nombre de su padre podían circular nuevamente entre el público. En este año erige una capilla y túmulo en el convento de San Pablo de Córdoba dedicados a la memoria de su padre, en cuya lápida se lee: "Aquí yaze el Maestre Martín López, que Dios dé Santo Paraíso, criado del Señor Rey don Pedro, el qual murió como noble cavallero" (Vozzo 31).

**22.** Nuevamente la fuente es Palencia.

**23.** Deyermond, *A Literary History of Spain: The Middle Ages*. London: Benn, 1971. Manejo la edición española descrita al final en Fuentes citadas.

**24.** También han insistido en esto Gómez Sierra (126) y Suelzer (37–38).

**25.** Sobre la relación entre doña Leonor y don Juan Manuel, ver Lacarra (735n).

**26.** Ayerbe-Chaux comenta un pasaje valioso de la tesis de Curry, que intenta aclarar la, para nosotros, confusa relación de Leonor con su familia: "Amanda Curry ha subrayado en su disertación que la protección del judío en esas circunstancias no era un acto piadoso sino una actitud política desafiante, típicamente propia de los viejos partidarios del rey don Pedro, contraria y ofensiva a los del partido de los Trastámaras, antisemitas, al cual pertenecía la familia de los Fernández de Córdoba, la tía protectora de Leonor" ("Leonor López" 20). Las motivaciones prácticas de Leonor, tan teñidas de política, han sido tan bien disimuladas en el entramado retórico por ella creado, que aun los lectores del siglo XXI seguimos cayendo rendidos bajo su hechizo.

**27.** Firpo (245) ha hecho un interesante paralelo entre Leonor y Alfonso X, el Sabio, que también dicta su crónica, es decir, la manda escribir.

**28.** En esa voluntad por destacar elementos de la devoción y el sacrificio personales podemos establecer un paralelo entre las estrategias retóricas de doña Leonor y la retórica de la feminidad estudiada por Alison Weber en su libro sobre Santa Teresa (11). Como la mística, nuestra autora también sabe sacar el máximo provecho de lo que la época juzgaba propio del entorno femenino. Aunque no se llama a sí misma "mujercilla," doña Leonor sí pone en escena la imagen de la mujer doliente: "la mas desventurada desamparada, é mas Maldita muger del mundo . . ." (24).

**29.** Doña Leonor engarza bastante bien el milagro en su narración: "yo facia una Oracion, que havia oydo, que hacia una monja ante un Cruzifixo, pareze que Ella era muy devota de Jesu Christo, y diz que despues que havia oydo Maytinez, beniase ante un Cruzifixo, y rezaba de rodillas siete mil vezes: Piadoso fijo dela Virgen, venzate piedad: y que una noche estando la monja cerca, donde Ella estaba que oyó que le respondió el Cruzifixo e dijo: Piadoso me llamaste Piadoso te seré. é Yo abie grande devocion en estas palabras, rezaba cada noche esta Oracion . . ." (23). Queda pendiente la pregunta de si doña Leonor conocía este milagro de oídas o por lectura.

**30.** Según se consigna en la *Enciclopedia Espasa*. Sin embargo, Muñoz de San Miguel ha puesto en duda su participación en Granada (ver también Cassol, *Vita* 76).

**31.** Los privilegios transcritos por Tamayo de Vargas, biógrafo de Diego García de Paredes, se encuentran en las páginas siguientes de su biografía: 109v–111r (Fernando el Católico), 116v–119r (Maximiliano) y 128v–134r (Carlos V).

**32.** Gómez Redondo (83) sitúa a doña Leonor y a García de Paredes como partícipes de un mismo género autobiográfico. (Sin embargo, señala que hay medio siglo entre una y otra autobiografía. Si el memorial de doña Leonor es de 1412, como afirma Gómez Redondo (82), son 120 años los que median entre ambos textos, pues García de Paredes escribe o dicta el suyo hacia 1532, poco antes de morir. De otro lado, si el memorial de doña Leonor se redactó hacia 1396, como he venido sosteniendo, son 136 años los que median entre un texto y otro).

**33.** El texto que sigo es el fijado por Antonio Rodríguez Villa en sus *Crónicas del gran capitán.* NBAE 10. Madrid: Bailly-Baillière, 1908 (ver pp. 255–59). De las cuatro crónicas que edita Rodríguez Villa es la primera la que trae la *Suma* como apéndice. Se trata de *Las dos conquistas del reino de Nápoles* impresa por Miguel Capila en Zaragoza en 1554. Rodríguez Villa sigue la edición de Alcalá de Henares impresa por Hernán Ramírez en 1584 que lleva el título de *Crónicas del Gran Capitán.*

**34.** No es raro que Menéndez Pelayo se haya referido a la *Suma* como a "papel suelto" (cxxv). Cassol (*Vita* 79) nos advierte que ninguno de los manuscritos que él describe fue el utilizado por Menéndez Pelayo en su edición de 1900.

**35.** Serrano y Sanz: "Según dicha *Relación*, Paredes es un hércules incapaz de sentir el miedo, mas también un pendenciero sin entrañas y hombre malvado con ribetes de fanfarrón" (*Autobiografías* lx).

**36.** A manera de ejemplo, puedo mencionar dos: Jesús Ruiz Moreno, *Vida y hazañas del Sansón extremeño Diego García de Paredes*. Cuadernos de Historia de Trujillo. Número 1 (sin fecha). Y Jaime de la Fuente, *Diego García de Paredes, "Hércules" y "Sansón" de España* (Madrid, 1967). Ambos recuentos celebratorios de diversos episodios de la vida de García de Paredes. La falta de originalidad y la escasez o nulidad de información se aprecian incluso en el hecho de que de la Fuente repite el título de Muñoz.

**37.** No perdamos de vista que tanto doña Leonor como García de Paredes usan un lenguaje similar para referirse a aquello que escriben. Esta única vez se refiere García de Paredes a su narración y la llama "memorias."

**38.** No me parece acertado que resalte la lectura "para venir *de* Italia" en la edición de Menéndez Pelayo (que contrapone a "para viajar *a* Italia") en el episodio inicial y que a partir de ahí proponga que este episodio es posterior a los hechos narrados. Cassol no toma en cuenta el motivo de la salida o abandono del hogar ni el párrafo siguiente que remite a la misma fecha dada en el primer párrafo. Todo hace suponer que el episodio es no sólo anterior a los otros hechos narrados (la campaña italiana) sino que además tiene ese valor de "hito" que el mismo Cassol atribuye a episodios de esta naturaleza en otras autobiografías de soldados ("Entre historia" 312). De otro lado, la edición de Rodríguez Villa no lee "para viajar *a* Italia" sino "para viajar *en* Italia." Aunque una edición confiable que se beneficie de todos los testimonios conocidos está por hacerse, como reclama Cassol, tengo la sospecha de que la vacilación entre "de" y "a" obedece a la necesidad de naturalizar el original "en" o "in" que García de Paredes usaría estando como estaba influenciado por la lengua italiana. Los italianismos son frecuentes en las narraciones de soldados españoles que vivieron la experiencia de la guerra en la península itálica.

**39.** Menos retórico, el texto editado por Menéndez Pelayo dice: "Venimos á Bolonia, do siendo Dios servido daré fin á mis dias" (cxxxii).

**40.** Este comentario no aparece en el testimonio editado por Menéndez Pelayo.

**41.** Ver también Cassol (*Vita* 79–80).

**42.** Ya al final de la *Suma*, García de Paredes y su compañía son víctimas de una emboscada: "diéronme á mí seis heridas pequeñas y á Sancho de Paredes tres y á algunos dos, de manera que á todos nos señalaron" (259). El Sancho que aquí se menciona es Sancho de Paredes, hijo de su hermano bastardo, Álvaro de Paredes. Si su propio hijo no estuvo presente, hay al menos un entorno familiar. Muñoz de San Pedro ha presentado documentación al respecto (ver pp. 392n y 402).

**43.** El carácter mercenario del personaje queda más claro en el texto de Menéndez Pelayo: "no hallamos quien nos diese de comer por falta de guerra, que no habia . . . " (cxxvii).

**44.** Más sobre la lectoría de los libros de caballerías así como una interpretación de este pasaje y otros del *Quijote* en el libro ya citado de Eisenberg, en especial en el capítulo "Who Read Romances of Chivalry?" (89–110).

**45.** Editada por Miguel Capila en Zaragoza en 1554, ésta es la primera de cuatro crónicas que reúne Rodríguez Villa en *Crónicas del Gran Capitán*, que describo al final en Fuentes citadas.

**46.** Ver el "Tratado de las armas" o "Tratado de los rieptos é desafíos" de Mosén Diego de Valera en *Epístolas de Mosén Diego de Valera enbiadas en diversos tiempos é á diversas personas.* Publícalas juntamente con otros cinco tratados del mismo autor sobre diversas materias la Sociedad de Bibliófilos Españoles. Madrid, 1878 (ver 243–303).

**47.** A menos que indique lo contrario es a esta segunda versión, la representada por el manuscrito T, es decir, *Cautiverio y trabajos,* a la que refieren las citas que utilizo. La edición estuvo a cargo de Miguel Ángel de Bunes y Matías Barchino.

**48.** Los libros de viajes constituyen uno de los grandes géneros de la Edad Media. Ha recibido bastante atención dentro y fuera de España. Ver los estudios de López Estrada y Popeanga como introducciones al tema. El Siglo de Oro sin embargo no cuenta con estudios de este tipo, en parte porque los textos que podrían formar ese corpus se han estudiado y se estudian en el marco de otros géneros: novela picaresca, crónica de Indias, relación de servicios, etc.

**49.** Un caso similar es el de Alonso de Contreras, que escribió su *Vida* sobre la base del texto de su relación de servicios y de un *Derrotero* en el que detalló sus desplazamientos por el Mediterráneo. Ver Ettinghausen 12–18.

**50.** Es el "Ejemplo X" de *El conde Lucanor* de Juan Manuel. Para el texto y la fortuna de este cuento, ver pp. 50–52 y 354–55.

**51.** Juan de Mariana (1536–1624). Historiador jesuita autor de la *Historiae de rebus Hispaniae* (1592), sólo traducida al español (*Historia general de España*) en 1601. Galán, que no da muestras de conocer el latín, debió haber leído ésta última.

**52.** López Estrada y Beltrán siguen y comentan a Pérez Priego ("Estudio").

**53.** López Estrada (16) describe estos recursos en su ya mencionado tratado sobre los libros de viajes. Ver también Beltrán (137 y ss).

**54.** Lo mismo ocurre al paso de Galán por Pastina (II.xviii), también durante su huida. Teme ser denunciado por sus compañeros de viaje y hace un largo excurso sobre Judas y los traidores. Al final nadie lo denuncia y por supuesto él no reconoce la discreción de quienes lo rodean.

## Capítulo dos: La cultura literaria de Alonso Enríquez de Guzmán

**1.** En 1528 aparecen tres ediciones del *Libro áureo de Marco Aurelio.* Un año después Guevara, que desautorizó esa publicación, publica en

Valladolid el *Reloj de príncipes*, una nueva versión del mismo libro. Por testimonio del propio Guevara y de otros sabemos que el manuscrito circuló ampliamente en la corte antes de 1528 (ver *Epístolas familiares* I.42).

**2.** En 1485, el mismo año que fray Diego de Deza es nombrado preceptor del príncipe don Juan, Cristóbal Colón es admitido en la corte itinerante de los Reyes Católicos (Hernández 499). Son conocidas las palabras de agradecimiento con que Colón se refiere a Deza en su correspondencia y los continuos pedidos a su hijo Diego para buscar la intervención favorable del fraile ante la corte. (Ver Cotarelo 291 y ss.; Varela 335; Hernández 499).

**3.** La reconocen también Caillet-Bois (244n) y Vega.

**4.** En dos ensayos de 1928 y 1934 que señalan al *Libro* de don Alonso como precursor de la novela picaresca, L. B. Simpson y F. A. Kirkpatrick tampoco intentan establecer relación alguna entre don Alonso y la literatura de su época. A lo más, Kirkpatrick llama la atención sobre pasajes del *Libro* que anuncian futuros episodios del *Lazarillo de Tormes* y del *Guzmán de Alfarache* pero aun así no se pregunta por las lecturas de nuestro autor.

**5.** Esta es la primera de algunas citas extensas del *Libro* de don Alonso (ed. Keniston). Ante la imposibilidad de reducirlas, me he preguntado si valdría la pena llevarlas al final a modo de apéndice. Finalmente, me he decidido por mantenerlas en el texto convencido de que lejos de distraer al lector le permitirán conocer mejor a nuestro autor. Considerando que es una lectura poco difundida y que sus ediciones se encuentran sólo en bibliotecas especializadas creo que es de provecho que el lector pueda encontrar aquí pasajes que le ayuden a formarse una mejor idea de don Alonso como escritor.

**6.** Hablaremos de estas *sententiae* y de su estudio por Agustín Redondo más adelante.

**7.** Don Alonso dice: "me paresçe cosa encantada . . ." (139a). He estudiado también este pasaje en relación con la ficción del Siglo de Oro (ver Gastañaga, "La reelaboración").

**8.** Ver Frenk, números 585A, 585B, 585C, 1004, 1005A y 1005B. Por cierto, el *Libro* de don Alonso es una de las fuentes utilizadas en este repertorio. Los textos que cito proceden de Alonso y Blecua, números 243 ("Por el montecico sola") y 46 ("Estas noches atán largas").

**9.** Goetz (108) ha hecho referencia a este aspecto del *Libro*.

**10.** Entre otros, Álvarez Nazario (14).

**11.** Por ejemplo, a uno de sus corresponsales (293b) le ofrece información con estas palabras: "Yo vos lo diré —amén, amén— o este libro, después de yo muerto."

**12.** Modernizo el texto según el uso actual, lo mismo con el *Diccionario de autoridades*.

**13.** Una vez la llama "mi scriptura" (7).

**14.** Sobre este villancico y sus distintas versiones, ver Frenk, número 921. También lo recogen Alonso y Blecua, número 19.

**15.** Castro Martínez 233. La autora cita los versos sobre el orégano atribuyéndolos a don Alonso. Coello también admite que sean de don Alonso (220–21).

**16.** Se trata de la *Verdadera relación de la conquista del Perú y provincia del Cusco llamada la Nueva Castilla* (Sevilla, 1534), que Coello comenta (25–28).

**17.** Estrofa 169 en el texto que ofrece Coello (181). Ver también Coello 86.

**18.** Los dichos se pueden leer también en el artículo de Redondo, donde figuran todos a manera de apéndice (182–90). La revisión de la primera edición de las *Epístolas familiares* de Guevara le ha permitido a Redondo reconstruir algunos pasajes del *Libro* que están ilegibles en los manuscritos de Nápoles y Madrid. Una nueva edición del *Libro* debería tener en cuenta este aporte.

**19.** Todos los ejemplos de la primera parte de las *Epístolas familiares* de Guevara. Doy entre paréntesis el número de la epístola.

**20.** Para ésta y alguna otra sentencia, Redondo se pregunta si no hay error de transcripción (180).

**21.** En este y el próximo capítulo abordo el tema de las cartas y el potencial de la materia epistolar para crear una lectura destinada al entretenimiento. El ensayo de Claudio Guillén sobre la carta renacentista ha sido de gran utilidad.

**22.** Más recientemente ha insistido en la tesis anticolonialista Ann E. Wiltrout.

## Capítulo tres: El *Libro de la vida y costumbres* y las misceláneas

**1.** Si es de don Alonso el texto introductorio de la *Nueva obra* del Archivo de Indias en Sevilla, entonces es posible que estuviese vivo hacia 1548.

**2.** "Fecho en el golfo del Mar Oçéano . . . . Año de Nuestro muy Salvador Jesu Cristo de mill e quinientos e treynta e quatro años" (Enríquez de Guzmán, *Libro*, ed. Keniston 6).

**3.** Este Perico de Santernas no es otro que el truhán Perico de Santervás, ligado a la corte del joven Felipe (ver Bouza, *Locos* 77–79 y 196n). Uso, por lo general, el nombre Santervás, según la bibliografía más autorizada y reciente.

**4.** El texto corresponde al apéndice de documentos varios sobre don Alonso con el que Keniston cierra su edición. No forma parte del *Libro* tal como lo dejó don Alonso.

**5.** Márquez Villanueva (passim). El artículo tiene una versión francesa: "Un aspect de la littérature du 'fou' en Espagne." En *L'Humanisme dans les lettres espagnoles*. Ed. A. Redondo. Paris: Vrin, 1979. 233–50. Ver también del mismo autor: "Literatura bufonesca o del 'loco.'"

**6.** El contraste entre, de un lado, los privilegios otorgados y el orgullo de casta de los hidalgos de los reinos del norte y, de otro, su falta de educación, pobreza e imperfección en la lengua castellana hizo de ellos con frecuencia objeto de burla en los siglos XVI y XVII.

**7.** Zúñiga (52). Cuando don Alonso narra la muerte de Almagro a manos de Hernando Pizarro, hace esta precisión sobre los excesos del segundo: "diziendo que no era él [Almagro] adelantado ni governador, syno moro retajado. E por más le deshonrrar, mandó que un negro fuese el verdugo, diziendo 'No piense ese morisco que le tengo de dar la muerte que él me quería dar a mí, que era degollarme'" (226b).

**8.** Ver Keniston, *Francisco de los Cobos* (48); Bouza, *Locos* (197n).

**9.** Una de ellas: la carta a Mexía desde Alemania (Enríquez de Guzmán, *Libro,* ed. Keniston 296a–303a).

**10.** Además de lo que hoy entendemos, en la época "conversación" también significaba "trato," "roce personal" y, por supuesto, condición de igualdad.

**11.** Goetz ha señalado ya el paralelo con Castiglione pero no ha reparado en la diferencia, tan grande, que hay entre estos dos tipos de caballeros. A nuestro modo de ver, Goetz confunde las intenciones declaradas en los preliminares con el resultado final cuando declara: "in its totality, the *Libro* is a virtual *textbook* of aristocratic knowledge and behavior" (104). Para Goetz don Alonso "personifies the concept of the Spanish nobleman of the Golden Age" (104), "the typical Renaissance courtier, characterized so succinctly by Castiglione in *The Book of the Courtier*" (105). Como veremos más adelante, don Alonso sólo puede aspirar a compararse con el cortesano de Castiglione en su faceta de decidor de "gracias y donaires." Recordemos que en la relación de dichos que le alcanza al príncipe Felipe uno rezaba: "El cavallero ha de ser cuerdo y donoso" (266a).

**12.** Bouza (*Locos* 18) los identifica por sus nombres y comenta el episodio.

**13.** Keniston (liii); Bouza, *Locos* (197n).

**14.** Zúñiga (18 y 52).

**15.** El mismo don Alonso se acerca a la palabra alguna vez: "ví que el Emperador holgava conmigo como con loco" (59b).

**16.** Han comentado también esta carta Keniston (liii–liv) y Bouza (*Locos* 121).

**17.** Ver el capítulo "La diversión recompensada" (Bouza, *Locos* 99–129).

**18.** Una carta del embajador Juan de Zúñiga pone en evidencia la idealización de los hechos por parte de don Alonso (*Libro,* ed. Keniston 310).

**19.** El término es el utilizado por Boscán (ver Castiglione) en su traducción del libro. Para los equivalentes castellanos de las voces de *El cortesano*, ver Morreale.

**20.** Aunque no queda claro en el *Libro*, parece ser Enríquez de Ribera, futuro marqués de Tarifa, a quien don Alonso cuenta esta anécdota.

**21.** Y en última instancia él mismo, puesto que es desterrado.

**22.** Se trata de una conferencia leída en El Ateneo de Madrid el 4 de diciembre de 1913. Fue impresa en Madrid por la Revista de Archivos en

1925. He consultado la reimpresión hecha en Sevilla (1988) con ocasión del 400 aniversario de la muerte de Monardes (ver Fuentes citadas).

**23.** Antonio Hernández Morejón (1773–1836), *Historia bibliográfica de la medicina española.* 7 vols. (New York: Johnson Reprint, 1967). Ver 2: 268–70 y 290–95.

**24.** Anastasio Chinchilla Piqueras (1801–1865), *Anales históricos de la medicina en general y biográfico-bibliográficos de la española en particular.* 4 vols. (New York: Johnson Reprint, 1967). Ver 1: 188–91, 446–49 y 469–70.

**25.** Irónicamente, es justo lo que hace Monardes con don Alonso.

**26.** Ver también J. Molino (115–16 y 119).

**27.** Aspecto también estudiado por Greenblatt (3–5).

**28.** Cuando se le acusa de haber desobedecido al rey, declara: "no era obligado yo a mantener palabra al Rey, pues él no la mantiene a nadie" (Enríquez de Guzmán, *Libro,* ed. Keniston 16a). El mismo espíritu rebelde se manifiesta en el ya aludido desafío a Barbarroja (34a–35a).

**29.** Don Alonso usa para los "sagrados doctores" las mismas palabras usadas para valorar la *Silva* de Pedro Mexía (274a), con lo que revela su conciencia de un estrato superior de autoría al que finalmente se acerca.

## Fuentes citadas


Alonso, Dámaso, y José Manuel Blecua. *Antología de la poesía española: Lírica de tipo tradicional.* 3era. reimpresión de la 2da. ed. corregida. Madrid: Gredos, 1978.

Alonso Pedraz, Martín. *Enciclopedia del idioma; diccionario histórico y moderno de la lengua española (siglos XII al XX) etimológico, tecnológico, regional e hispanoamericano.* 3 vols. Madrid: Aguilar, 1958.

Álvarez Nazario, Manuel. "El relato de Alonso Enríquez de Guzmán, el 'Caballero Desbaratado,' sobre su visita a Puerto Rico en 1534." *Revista del Instituto de Cultura Puertorriqueña* 6 (ene–mar 1960): 11–14.

Amasuno, Marcelino. "Apuntaciones histórico-médicas al escrito autobiográfico de Leonor López de Córdoba (1362–1430)." *Revista de Literatura Medieval* 8 (1996): 29–71.

Ayerbe-Chaux, Reinaldo. "Leonor López de Córdoba y sus ficciones históricas." *Historias y ficciones: Coloquio sobre la literatura del siglo XV.* Ed. R. Beltrán, J. L. Canet, y J. L. Sirera. Introd. Evangelina Rodríguez. València: Departament de Filologia Espanyola, Universitat de València, 1992. 17–23.

———. "Las memorias de doña Leonor López de Córdoba." *Journal of Hispanic Philology* 2 (1977): 11–33.

Barchino, Matías, ed. *Cautiverio y trabajos de Diego Galán.* De Diego Galán. Cuenca: Ediciones de la Universidad de Castilla–La Mancha, 2001.

Bataillon, Marcel. *Erasmo y España: Estudios sobre la historia espiritual del siglo XVI.* 1era. reimpresión de la 2da. ed. corregida y aumentada. México: Fondo de Cultura Económica, 1982.

Beltrán, Rafael. "Los libros de viajes medievales castellanos." *Los libros de viajes en el mundo románico.* Ed. Eugenia Popeanga. *Revista de Filología Románica.* Anejo 1. Madrid: Editorial Complutense, 1991. 121–64.

Bennassar, Bartolomé. *La España del Siglo de Oro.* 3era. ed. Barcelona: Crítica, 1994.

Blecua, Alberto, ed. *Las seiscientas apotegmas y otras obras en verso.* De Juan Rufo. Madrid: Espasa-Calpe, 1972.

Bouza, Fernando. *Corre, manuscrito: Una historia cultural del Siglo de Oro.* Madrid: Marcial Pons, 2001.

———. *Locos, enanos y hombres de placer en la corte de los Austrias.* Madrid: Temas de Hoy, 1991.

de Bunes, Miguel Ángel, y Matías Barchino, eds. *Relación del cautiverio y libertad de Diego Galán, natural de la villa de Consuegra y vecino de la ciudad de Toledo.* De Diego Galán. Toledo: Diputación Provincial de Toledo, 2001.

Caillet-Bois, Julio. "Alonso Henríquez de Guzmán." *Cuadernos de historia de España* 1–2 (1944): 239–47.

Calderón, Piedad. "El género autobiográfico en las memorias de Leonor López de Córdoba." *Medioevo y literatura: Actas del V Congreso de la Asociación Hispánica de Literatura Medieval.* [Granada, 27 sept–1 oct 1993]. Ed. Juan Paredes. 4 vols. Granada: Universidad de Granada, 1995. 1: 463–70.

*Cancionero de Juan Alfonso de Baena.* Ed. Brian Dutton y Joaquín González Cuenca. Madrid: Visor Libros, 1993.

Carrillo de Albornoz Fábregas, José. *Don Martín López de Córdoba: Crónica de una lealtad en tiempos oscuros.* Córdoba: Ayuntamiento de Córdoba, 2003.

Cassol, Alessandro. "Entre historia y literatura: La autobiografía del capitán Domingo de Toral y Valdés (1635)." *Actas del V Congreso de la Asociación Internacional Siglo de Oro* [Münster, 1999]. Ed. Christoph Strosetzki. Münster: Iberoamericana–Vervuert, 2001. 308–18.

———. *Vita e scrittura: autobiografie di soldati spagnoli del siglo de oro.* Milán: LED, 2000.

Castiglione, Baltasar de. *El cortesano.* Trad. Juan Boscán. Introd. Rogelio Reyes Cano. 5ta. ed. revisada y ampliada. Madrid: Espasa-Calpe, 1984.

Castro, Antonio, ed. *Silva de varia lección.* De Pedro Mexía. 2 vols. Madrid: Cátedra, 1989.

Castro, Miguel de. *Vida del soldado español Miguel de Castro (1593–1611) escrita por él mismo y publicad[a] por A. Paz y Meliá.* Madrid: Murillo, 1900.

Castro Martínez, Teresa de. *La alimentación en las crónicas castellanas bajomedievales.* Granada: Universidad de Granada, 1996.

Coello, Óscar. *Los inicios de la poesía castellana en el Perú: Fuentes, estudio crítico y textos.* Lima: Pontificia Universidad Católica del Perú, 2001.

Contreras, Alonso de. *Discurso de mi vida.* Ed. Henry Ettinghausen. Madrid: Espasa-Calpe, 1988.

Cossío, José María de. *Autobiografías de soldados (siglo XVII).* BAE 90. Madrid: Atlas, 1956.

———, ed. *Libro primero de las Epístolas familiares.* De Antonio de Guevara. 2 vols. Madrid: Aldus, 1950–52.

Cotarelo Valledor, Armando. *Fray Diego de Deza: Ensayo biográfico.* Madrid: J. Perales y Martínez, 1902.

Covarrubias Horozco, Sebastián de. *Tesoro de la lengua castellana o española.* Según la impresión de 1611, con las adiciones de Benito Remigio Noydens publicadas en la de 1674. Ed. Martín de Riquer. Barcelona: Horta, 1943.

Curry, Amanda. "Las 'Memorias' de Leonor López de Córdoba." Diss. Georgetown U, 1988.

Deyermond, Alan. *Historia de la literatura española 1. La Edad Media.* 17ma. ed. Barcelona: Ariel, [1971] 1989.

———. "Spain's First Women Writers." *Women in Hispanic Literature: Icons and Fallen Idols.* Ed. Beth Miller. Berkeley: U of California P, 1983. 27–52.

*Diccionario de autoridades.* Ed. facsímil. 3 vols. Madrid: Gredos, 1969.

Duque de Estrada, Diego. *Comentarios del desengañado de sí mismo: Vida del mismo autor.* Ed. Henry Ettinghausen. Madrid: Castalia, 1982.

Dutton, Brian, y Joaquín González Cuenca, eds. *Cancionero de Juan Alfonso de Baena.* Madrid: Visor Libros, 1993.

Eisenberg, Daniel. *Romances of Chivalry in the Spanish Golden Age.* Newark, DE: Juan de la Cuesta, 1982.

Eisenstein, Elizabeth L. *The Printing Revolution in Early Modern Europe.* 2da. ed. Cambridge y New York: Cambridge UP, 2005.

Encina, Juan del. *Obra completa.* Ed. Miguel Ángel Pérez Priego. Biblioteca Castro. Madrid: Turner, 1996.

Enríquez de Guzmán, Alonso. *Alonso Enríquez de Guzmán: Vida y aventuras de un caballero noble desbaratado.* Ed. Juan José Vega. Cantuta, Lima: Ediciones de la Universidad Nacional de Educación, 1970.

———. *Libro de la vida y costumbres de don Alonso Enríquez, caballero noble desbaratado.* Ed. Marqués de la Fuensanta del Valle. Colección de Documentos Inéditos para la Historia de España. Madrid: Miguel Ginesta, 1886.

———. *Libro de la vida y costumbres de don Alonso Enríquez de Guzmán.* Ed. Hayward Keniston. BAE 126. Madrid: Atlas, 1960.

———. *The Life and Acts of Don Alonzo Enríquez de Guzmán, a Knight of Seville of the Order of Santiago, A.D. 1518 to 1543.* Translated from an original and unedited MS. in the National Library at Madrid with notes and an introduction by Clements R. Markham. The Hakluyt Society 29. New York: B. Franklin, [1862] 1970.

Estow, Clara. "Leonor López de Córdoba, A Case for Writing Women." *Models in Medieval Iberian Literature and Their Modern Reflections: Convivencia as Structural, Cultural and Sexual Ideal*. Ed. Judy B. McInnis. Newark, DE: Juan de la Cuesta, 2002. 83–106.

———. "Leonor López de Córdoba: Portrait of a Medieval Courtier." *Fifteenth Century Studies* 5 (1982): 23–46.

Ettinghausen, Henry. Introducción. *Discurso de mi vida*. De Alonso de Contreras. Ed. Ettinghausen. Madrid: Espasa-Calpe, 1988. 12–18.

Firpo, Arturo Roberto. "Un ejemplo de autobiografía medieval: Las 'Memorias' de Leonor López de Córdoba (1400)." *Zagadnienia Rodzajow Literackich: Woprosy Literaturnych Zanrov / Les Problèmes des Genres Littéraires* 1.23 (1980): 19–31.

Frenk, Margit. *Corpus de la antigua lírica popular hispánica (siglos XV a XVII)*. Madrid: Castalia, 1987.

Frieden, Mary Elizabeth. "Epistolarity in the Works of Teresa de Cartagena and Leonor López de Córdoba." Diss. U of Missouri, 2001.

Fuensanta del Valle, Marqués de la, ed. *Libro de la vida y costumbres de don Alonso Enríquez, caballero noble desbaratado*. De Alonso Enríquez de Guzmán. Colección de Documentos Inéditos para la Historia de España. Madrid: Miguel Ginesta, 1886.

Galán, Diego. *Cautiverio y trabajos de Diego Galán*. Ed. Matías Barchino. Cuenca: Ediciones de la Universidad de Castilla–La Mancha, 2001.

———. *Relación del cautiverio y libertad de Diego Galán, natural de la villa de Consuegra y vecino de la ciudad de Toledo*. Ed. Miguel Ángel de Bunes y Matías Barchino. Toledo: Diputación Provincial de Toledo, 2001.

García de Paredes, Diego. *Breve suma y hechos de la vida de Diego García de Paredes. La cual él mismo escribió y la dejó firmada de su nombre como al fin de ella aparece*. En *Crónicas del Gran Capitán*. Ed. Antonio Rodríguez Villa. NBAE 10. Madrid: Bailly-Baillière, 1908. 255–59.

———. *Sumario de las cosas que acontecieron a Diego García de Paredes y de lo que hizo, escrito por él mismo cuando estaba enfermo del mal que murió*. Ed. Marcelino Menéndez Pelayo. En *Obras de Lope de Vega publicadas por la Real Academia Española*. Vol. 11. Madrid: Sucesores de Rivadeneyra, 1900. cxxv–cxxxiv.

Gastañaga Ponce de León, José Luis. "La reelaboración literaria de una experiencia real en el *Libro de la vida y costumbres* de Alonso Enríquez de Guzmán." *Les réélaborations de la mémoire dans le monde luso-hispanique*. Sous la direction de Nicole Fourtané et Michèle Guiraud. 2 vols. Nancy: Presses Universitaires de Nancy, 2009. 2: 25–31.

Genette, Gérard. *Palimpsestos: La literatura en segundo grado*. Trad. Celia Fernández Prieto. Madrid: Taurus, 1989.

Gillet, Joseph E. "Torres Naharro and the Spanish Drama of the Sixteenth Century." *Estudios eruditos in memoriam de Adolfo Bonilla y San Martín (1875–1926)*. Prólogo de Jacinto Benavente. 2 vols. Madrid: Facultad de Filosofía y Letras de la Universidad Central, 1927 y 1930. 2: 437–68.

———. "Torres Naharro and the Spanish Drama of the Sixteenth Century II." *Hispanic Review* 5.3 (1937): 193–207.

Gilman, Stephen. "The Sequel to 'El villano del Danubio.'" *Revista Hispánica Moderna* 31 (1965): 174–84.

Gingras, Gerald L. "López de Ayala's *Crónica del rey Don Pedro*: The Politics of Chivalry." *Revista Canadiense de Estudios Hispánicos* 16.2 (1992): 187–201.

———. "The Medieval Castilian Historiographical Tradition and Pero López de Ayala's 'Crónica del Rey don Pedro.'" Diss. Indiana U, 1982.

Goetz, Rainer H. *Spanish Golden Age Autobiography in Its Context*. New York: Peter Lang, 1994.

Goldberg, Harriet. "The Dream Report as a Literary Device in Medieval Hispanic Literature." *Hispania* 66.1 (1983): 21–31.

Gómez Redondo, Fernando. "Las biografías." *La prosa y el teatro en la Edad Media*. Ed. Carlos Alvar, Ángel Gómez Moreno y Fernando Gómez Redondo. Madrid: Taurus, 1991. 81–83.

Gómez Sierra, Esther. "La experiencia femenina de la amargura como sustento de un discurso histórico alternativo: Leonor López de Córdoba y sus *Memorias*." *La voz del silencio: Fuentes directas para la historia de las mujeres*. Ed. Cristina Segura Graiño. 2 vols. Madrid: Asociación Cultural Al-Mudayna, 1992. 1: 111–29.

Greenblatt, Stephen. *Renaissance Self-Fashioning: From More to Shakespeare*. With a New Preface. Chicago: U of Chicago P, 2005.

Guevara, Antonio de. *Epístolas familiares*. En *Libro primero de las Epístolas familiares*. Ed. José María de Cossío. BAE 90. Madrid: Atlas, 1956.

Guillén, Claudio. "Notes toward the Study of the Renaissance Letter." *Renaissance Genres: Essays on Theory, History, and Interpretation*. Ed. Barbara Kiefer Lewalski. Cambridge, MA y London: Harvard UP, 1986. 70–101.

Gusdorf, Georges. "Condiciones y límites de la autobiografía." *La autobiografía y sus problemas teóricos: Estudios e investigación documental.* Coord. Ángel G. Loureiro. *Suplementos Anthropos* 29 (1991): 9–18.

Haji-Ghassemi, Ruth Lubenow. "La 'crueldad de los vencidos': Un estudio interpretativo de las Memorias de doña Leonor López de Córdoba." *La Corónica* 1.18 (1989): 19–32.

———. "Metahistorias medievales: Dos heterologías crónicas." Diss. Purdue U, 1989.

Hernández, Ramón. "Fray Diego de Deza, un hombre entre dos mundos." *Ciencia Tomista* 116 (sept–dic 1989): 495–533.

Hutcheson, Gregory. "Leonor López de Córdoba." *Castilian Writers 1200–1400.* Ed. George Greenia y Frank Domínguez. Detroit, MI: Gale Thomson, 2008. 179–84.

Joset, Jacques. "Cuatro sueños más en la literatura medieval española (Berceo, un "sueño," anónimo del siglo XVI, el arcipreste de Talavera, doña Leonor López de Córdoba). *Strumenti critici* 1.10 (ene 1996): 137–46.

———. "Sueños y visiones medievales: Razones de sinrazones." *Atalaya: Revue Française d'Études Médiévales Hispaniques* 6 (1995): 51–70.

Juan Lovera, Carmen. "Doña Leonor López de Córdoba (1362–1430). Relato autobiográfico de una mujer cordobesa escrito hacia 1400." *Boletín de la Real Academia de Córdoba de Ciencias, Bellas Letras y Nobles Artes* 117 (1989): 255–68.

Juan Manuel. *El conde Lucanor.* Ed. Guillermo Serés. Estudio preliminar de Germán Orduna. Barcelona: Crítica, 1994.

Kaminsky, Amy Katz, ed. *Water Lilies = Flores del agua: An Anthology of Spanish Women Writers from the Fifteenth through the Nineteenth Century.* Minneapolis: U of Minnesota P, 1996.

Kaminsky, Amy Katz, y Elaine Dorough Johnson. "To Restore Honor and Fortune: 'The Autobiography of Leonor Lopez de Cordoba.'" *The Female Autograph: Theory and Practice of Autobiography from the Tenth to the Twentieth Century.* Ed. Domna C. Stanton. Chicago: U of Chicago P, 1987.

Keniston, Hayward. *Francisco de los Cobos: Secretary of the Emperor Charles V.* Pittsburgh: U of Pittsburgh P, 1960.

———, ed. *Libro de la vida y costumbres de don Alonso Enríquez de Guzmán.* De Alonso Enríquez de Guzmán. BAE 126. Madrid: Atlas, 1960.

Kirkpatrick, Frederick Alexander. "The First Picaresque Novel." *Bulletin of Spanish Studies* 5.20 (1928): 147–54.

Lacarra, María Jesús. "Género y recepción de las memorias de Leonor López de Córdoba (1362/1363–1430)." *Actas del XI Congreso de la Asociación Hispánica de Literatura Medieval* [Universidad de León, 20–24 de sept del 2005]. Ed. A. López Castro y L. Cuesta Torre. León: Universidad de León, 2007. 731–41.

Leonard, Irving A. *Books of the Brave: Being an Account of the Books and of Men in the Spanish Conquest and Settlement of the Sixteenth-Century New World.* With a New Introduction by Rolena Adorno. Berkeley: U of California P, [1949] 1992.

Lerner, Isaías. Prólogo. *Silva de varia lección.* De Pedro Mexía. Ed. Isaías Lerner. Madrid: Castalia, 2003. 11–25.

Levisi, Margarita. *Autobiografías del Siglo de Oro: Jerónimo de Pasamonte, Alonso de Contreras, Miguel de Castro.* Madrid: Sociedad General Española de Librería, 1984.

———. "Las aventuras de Diego Galán." *Boletín de la Biblioteca Menéndez Pelayo* 65 (1989): 109–37.

Lida de Malkiel, María Rosa. "Fray Antonio de Guevara: Edad Media y Siglos de Oro español." *Revista de Filología Hispánica* 7.3 (1945): 346–88.

———. *Idea de la fama en la Edad Media castellana.* México: Fondo de Cultura Económica, 1952.

Lockhart, James. *El mundo hispano-peruano 1532–1560.* México: Fondo de Cultura Económica, 1982.

López de Ayala, Pedro. *Crónica del rey don Pedro y del rey don Enrique, su hermano, hijos del rey don Alfonso onceno.* Ed. Germán Orduna. Estudio preliminar de Germán Orduna y José Luis Moure. 2 vols. Buenos Aires: SECRIT, 1994.

López de Córdoba, Leonor. "Memorias." Pp. 16–25. En Ayerbe-Chaux, Reinaldo. "Las memorias de doña Leonor López de Córdoba." *Journal of Hispanic Philology* 2 (1977): 11–33.

López Estrada, Francisco. *Libros de viajeros hispánicos medievales.* Madrid: Ediciones del Laberinto, 2003.

Markham, Clements R., ed. y trad. *The Life and Acts of Don Alonzo Enríquez de Guzmán, a Knight of Seville of the Order of Santiago, A.D. 1518 to 1543.* De Alonso Enríquez de Guzmán. Translated from an original and unedited MS. in the National Library at Madrid with notes and an introduction by Clements R. Markham. The Hakluyt Society 29. New York: B. Franklin, [1862] 1970.

Márquez Villanueva, Francisco. "Planteamiento de la literatura del 'loco' en España." *Sin nombre* 4.10 (1979–80): 7–25.

Márquez Villanueva, Francisco. "Literatura bufonesca o del 'loco.'" *Nueva Revista de Filología Hispánica* 34.2 (1985–86): 501–28.

Menéndez Pelayo, Marcelino, ed. *Sumario de las cosas que acontecieron a Diego García de Paredes y de lo que hizo, escrito por él mismo cuando estaba enfermo del mal que murió.* De Diego García de Paredes. *Obras de Lope de Vega publicadas por la Real Academia Española.* Vol. 11. Madrid: Sucesores de Rivadeneyra, 1900. cxxv–cxxxiv.

Mexía, Pedro. *Silva de varia lección.* Ed. Antonio Castro. 2 vols. Madrid: Cátedra, 1989.

Molino, Jean. "Stratégies de l'autobiographie au Siècle d'Or." *L'Autobiographie dans le monde hispanique.* Actes du Colloque international de la Baume-lès-Aix. Provence: Université de Provence, 1980. 115–37.

Morel-Fatio, Alfred. "Soldats espagnols du XVII^e siècle: Alonso de Contreras, Miguel de Castro et Diego Suárez." *Bulletin Hispanique* 3 (1901): 135–58.

Morreale, Margherita: "'Cortegiano faceto' y 'Burlas cortesanas.' Expresiones italianas y españolas para el análisis y descripción de la risa." *Boletín de la Real Academia Española* 35 (1955): 57–83.

Muñoz de San Pedro, Miguel. *Diego García de Paredes, Hércules y Sansón de España.* Madrid: Espasa-Calpe, 1946.

Orduna, Germán, ed. *Crónica del rey don Pedro y del rey don Enrique, su hermano, hijos del rey don Alfonso onceno.* De Pedro López de Ayala. Estudio preliminar de Germán Orduna y José Luis Moure. 2 vols. Buenos Aires: SECRIT, 1994.

Palma, Clemente. *Don Alonso Henríquez de Guzmán y el primer poema sobre la conquista de América.* Lima: Municipalidad de Lima, 1935.

Pasamonte, Jerónimo de. "Autobiografía de Jerónimo de Pasamonte." *Autobiografías de soldados (siglo XVII).* Ed. José María de Cossío. BAE 90. Madrid: Atlas, 1956. 5–76.

Pérez Priego, Miguel Ángel. "Estudio literario de los libros de viajes medievales." *Epos* 1 (1984): 217–39.

———, ed. *Obras completas.* De Bartolomé de Torres Naharro. Biblioteca Castro. Madrid: Turner, 1994.

Pitarello, Elide. "El nuevo mundo en el discurso nuevo del *Libro de la vida y costumbres* de Don Alonso Enríquez de Guzmán." *Edad de Oro* 10 (1991): 155–65.

Pope, Randolph D. *La autobiografía española hasta Torres Villarroel.* Frankfurt: Peter Lang, 1974.

Popeanga, Eugenia, ed. *Los libros de viajes en el mundo románico. Revista de filología románica.* Anejo 1. Madrid: Editorial Complutense, 1991.

Porras Barrenechea, Raúl. *Los cronistas del Perú (1528–1650).* Ed. Franklin Pease. Biblioteca Clásicos del Perú 2. Lima: Banco de Crédito del Perú, [1962] 1986.

Quiroga, Vasco de. "Memorial a Carlos V." *Obras escogidas de filósofos.* BAE 65. Madrid: Rivadeneyra, 1873. 153.

Rallo Gruss, Asunción. "Las misceláneas: Conformación y desarrollo de un género renacentista." *Edad de Oro* 3 (1984): 159–80.

Redondo, Agustín. "Une source du *Libro de la vida y costumbres de don Alonso Enríquez de Guzmán*: Les *Epístolas familiares* d'Antonio de Guevara." *Bulletin Hispanique* 71 (1969): 174–90.

Reyre, Dominique. *Dictionnaire des noms de personnages du Don Quichotte de Cervantes: Suivi d'une analyse structurale et linguistique.* Paris: Éditions hispaniques, 1980.

Rodríguez Marín, Francisco. *La verdadera biografía del doctor Nicolás de Monardes.* Sevilla: Padilla Libros, 1988.

Rodríguez Villa, Antonio, ed. *Breve suma y hechos de la vida de Diego García de Paredes: La cual él mismo escribió y la dejó firmada de su nombre como al fin de ella aparece.* De Diego García de Paredes. En *Crónicas del Gran Capitán* 255–59.

———, ed. *Crónicas del Gran Capitán.* NBAE 10. Madrid: Bailly-Baillière, 1908.

Sánchez Alonso, Benito. *Historia de la historiografía española: Ensayo de un examen de conjunto.* 3 vols. Madrid: Sánchez de Ocaña, 1941–50.

Serrano y Sanz, Manuel. *Apuntes para una biblioteca de escritoras españolas desde el año 1401 al 1833.* 2 vols. Madrid: Atlas, 1903–05.

———. *Autobiografías y memorias.* Madrid: Bailly-Ballière e hijos, 1905.

Simpson, Lesley Byrd. "A Precursor of the Picaresque Novel in Spain." First Special Number. *Hispania* 1 (1934): 53–63.

Suelzer, Amy. "The Intersection of Public and Private Life in Leonor López de Córdoba's Autobiography." *Monographic Review / Revista monográfica* 9 (1993): 36–46.

Tamayo de Vargas, Tomás [Thomas Tamaio de Vargas]. *Diego García de Paredes y relación breve de su tiempo.* Badajoz: Institución "Pedro de Valencia" de la Excelentísima Diputación Provincial, 1978. [Reproducción facsímil de la edición príncipe (Madrid, 1621)].

Tate, Robert Brian. *Ensayos sobre la historiografía peninsular del siglo XV*. Madrid: Gredos, 1970.

Torres Naharro, Bartolomé de. *Obras completas*. Ed. Miguel Ángel Pérez Priego. Biblioteca Castro. Madrid: Turner, 1994.

Valdeón Baruque, Julio. *Enrique II de Castilla: La guerra civil y la consolidación del régimen, 1366–71*. Valladolid: Universidad de Valladolid, 1966.

Varela, Consuelo. *Cristóbal Colón: Textos y documentos completos*. Madrid: Alianza, 1992.

Vega, Juan José, ed. *Alonso Enríquez de Guzmán: Vida y aventuras de un caballero noble desbaratado*. De Alonso Enríquez de Guzmán. Cantuta, Lima: Ediciones de la Universidad Nacional de Educación, 1970.

Vega, Lope de. *Obras de Lope de Vega publicadas por la Real Academia Española*. Vol. 11. Madrid: Sucesores de Rivadeneyra, 1900. Ver también García de Paredes, *Sumario*; Menéndez Pelayo.

Vozzo Mendia, Lia, ed. y introd. *Leonor López de Córdoba: Memorie*. Ed. bilingüe español-italiano. Parma: Pratiche, 1992.

Weber, Alison. *Teresa of Avila and the Rhetoric of Femininity*. Princeton: Princeton UP, 1990.

Wiltrout, Ann E. "El villano del Danubio: Foreign Policy and Literary Structure." *Crítica Hispánica* 3.1 (1981): 47–57.

Zapata, Luis de. *Miscelánea o Varia historia*. Llerena: Editores Extremeños, 1999.

Zúñiga, Francesillo de. *Crónica burlesca del emperador Carlos V*. Ed. Diane Pamp de Avalle-Arce. Barcelona: Crítica, 1981.

# Índice alfabético

## Sobre el autor

José Luis Gastañaga Ponce de León, Villanova University, ha publicado estudios sobre la temprana literatura moderna española y la historiografía colonial de la America Latina. Al momento está trabajando sobre La Celestina y las formas tempranas de la novela.

## Also of Interest

*Rhetorical Conquests: Cortés,*
*Gómara, and Renaissance Imperialism*
Glen Carman

Carman's *Rhetorical Conquests* examines how Hernán Cortés, first as the author of his *Cartas de relación* (1519-26), and then as the protagonist of Francisco López de Gómara's *Historia de la conquista de México* (1552), defends Spain's conquest of Mexico. In English.

*Caballero noble desbaratado: Autobiografía e invención en el siglo XVI*
José Luis Gastañaga Ponce de León
PSRL 51

A las narraciones en primera persona del pasado no siempre les viene bien el nombre de autobiografías. En los siglos anteriores a la definición del género, quienes escribían la historia de sus vidas con frecuencia utilizaban como modelo para sus narraciones los textos que gozaban de mayor prestigio, como la hagiografía, la historiografía y las misceláneas. *Caballero noble desbaratado: Autobiografía e invención en el siglo XVI* analiza un conjunto de narraciones españolas en primera persona y sus condiciones de escritura y recepción. Se concentra en el *Libro de la vida y costumbres* de Alonso Enríquez de Guzmán (1499–1547), el caballero del título.

El estudio se abre con algunos antecedentes de esa obra central: el *Memorial* de Leonor López de Córdoba de fines del siglo XIV, que narra pasajes difíciles de su vida; la *Breve suma de la vida y hechos* de Diego García de Paredes, que cuenta duelos y batallas para dejar a su hijo una lección sobre el honor y el coraje; y *Cautiverio y trabajos* de Diego Galán, un relato de cautiverio entre musulmanes y posterior huida que nos propone un ejemplo temprano de autobiografía novelada. También se examina la influencia de escritores como Bartolomé de Torres Naharro, Antonio de Guevara y Pedro Mexía, así como la vitalidad de la poesía lírica, culta y popular, en ambos lados del Atlántico.

Aunque Alonso Enríquez de Guzmán ha merecido una edición en la Biblioteca de Autores Españoles, nunca se le ha dedicado hasta hoy un libro. Este ensayo llena ese vacío, presenta lecturas novedosas de los autores escogidos y se constituye en un valioso aporte para el estudio de la autobiografía en lengua española.